Gioconda Belli
FEUERWERK IN MEINEM HAFEN
APOGEO

PH
V

Gioconda Belli

FEUERWERK IN MEINEM HAFEN

Gedichte
spanisch / deutsch

APOGEO

Aus dem nicaraguanischen Spanisch
von Lutz Kliche

Peter Hammer Verlag

a Sofía, Salva, Nelba y Malena, amigas entrañables

Für Sofía, Salva, Nelba und Malena, geliebte Freundinnen

Nota de la autora

Este libro contiene los poemas que he escrito en los últimos diez años (1987 - 1997).

Algunos de ellos aparecieron, huérfanos de un libro que los contuviera, en la última sección de »El ojo de la mujer«, donde está recopilada, en su totalidad, mi obra poética anterior.

Al incorporar esos poemas, que aún no pertenecían a ningún libro, en esta edición, les hice múltiples revisiones y cambios. Son ellos, pero son diferentes, o sea que sugiero a quienes los reconozcan, una nueva lectura de los mismos.

En este libro he querido celebrar el apogeo, el cenit, en la vida de las mujeres. Ese momento fundamental de la existencia donde la integridad y la belleza física, coexisten con la sabiduría y la madurez del intelecto. Es una época de meditación, cambios y plenitud; de euforias, pero también de temores. Una época en que la mujer se enfrenta a las nociones preconcebidas de una sociedad que, hasta ahora y gracias al esfuerzo de las propias mujeres en todo el mundo, apenas empieza a reconocer el valor y aporte de lo femenino.

Estos poemas quieren invitarlas a celebrar ese apogeo, y compartir con ellas, y también con las mujeres jóvenes y los hombres de todas las edades, el amor y el erotismo de esta magnífica y temporal residencia en la vida.

Vorbemerkung

Dieses Buch enthält die Gedichte, die ich in den letzten zehn
Jahren, von 1987 bis 1997, geschrieben habe.
Einige wenige von ihnen erschienen schon im Band »Wenn
du mich lieben willst«, der einen großen Teil meiner bisherigen
Poesie enthält.
Als ich diese Texte in den vorliegenden Band aufnahm, unter-
zog ich sie zahlreichen Korrekturen und Änderungen. So sind es
dieselben und gleichzeitig andere, und ich empfehle denen, die
sie kennen, sie genauso neu zu lesen.
Mit diesem Buch habe ich den Höhepunkt, den Zenit, im
Leben der Frauen feiern wollen. Diesen grundlegenden Augen-
blick des Lebens, wenn körperliche Gesundheit und Schönheit
zusammenfallen mit der Weisheit und Reife des Intellekts.
Es ist dies eine Zeit der Meditation, des Wandels, der Fülle; der
Freude, aber auch der Angst. Ein Lebensalter, in dem sich die
Frau den Vorurteilen einer Gesellschaft gegenüber sieht, die erst
jetzt, dank der Anstrengungen von Frauen in aller Welt,
beginnt, den Beitrag, den Wert des Weiblichen anzuerkennen.
Die vorliegenden Gedichte wollen sie einladen, diesen Höhe-
punkt zu feiern, und mit ihnen und den jungen Frauen und
den Männern jeden Lebensalters die Liebe und Erotik dieser
herrlichen und begrenzten Lebensphase teilen.

Plenitud

Hoy me siento como un árbol
que se supiera mujer:
Ya no quebradiza rama
sino rotunda intuición,
y la sólida certeza
de saber dónde es que estoy.

Las raíces de mi cuerpo
ha bendecido el amor.
He florecido en la espuma
regada por la pasión,
por el semen generoso de la vida
y el dolor.

Aprendí que las derrotas
cicatrizan como heridas
y que se vuelve a la lucha
si se retoman las bridas.

Hoy me siento como un árbol
que se supiera mujer.
Alta, fuerte, bien vivida,
y en plena madurez.

Fülle des Lebens

Heut fühle ich mich wie ein Baum
der sich ganz Frau weiß:
Nicht mehr zerbrechlicher Zweig
sondern runde Kraft der Eingebung
und feste Sicherheit
zu wissen, wo ich mich befinde.

Die Wurzeln meines Körpers
sind gesegnet von der Liebe.
Erblüht bin ich im Schaum
den Leidenschaft versprüht
der großzügige Samen des Lebens
und der Schmerz.

Ich lernte, daß die Niederlagen
Wunden gleich vernarben
und daß man in den Kampf zurückkehrt
wenn man die Zügel wieder aufnimmt.

Heut fühle ich mich wie ein Baum
der sich ganz Frau weiß.
Hoch, stark, gut gelebt
und voller Reife.

De noche, la esposa aclara

No.
No tengo las piernas de la Cindy Crawford.
No me he pasado la vida en pasarelas,
desfiles de modas, tostada bajo las luces de los fotógrafos.
Mis piernas son anchas ya llegando a la cadera,
y a pesar de mis múltiples intentos
por ponerme trajes aeróbicos y tirarme en el suelo a sudar,
no logro que pierdan esa tendencia a ensancharse,
como pilares que necesitaran jugoso sustento.

10

No.
No tengo la cintura de la Cindy Crawdord
ni ese vientre perfecto, liso y ligeramente cóncavo,
con el ombligo deslumbrante en el centro.
Alguna vez lo tuve. Alguna vez presumí de esa región de mi anatomía.
Fue antes de que naciera Camilo,
antes de que él decidiera apresurarse a nacer
y decidiera entrar al mundo de pie;
antes de que la cesárea
me dejara cicatriz.

No.
No tengo los brazos de la Cindy Crawford
tostados, torneados, cada músculo fortalecido con
                                        el ejercicio indicado,
las pesas delicadamente balanceadas.
Mis brazos delgados no han desarrollado más musculatura
que la necesaria para marcar estas teclas,
cargar a mis hijos, cepillarme el pelo,
gesticular discutiendo sobre el futuro, abrazar a los amigos.

No.
No tengo los pechos de la Cindy Crawford,
anchos, redondos, copa B o C.
Los míos nunca han sido muy lucidores en los escotes,
aún cuando mi madre me asegurara
                – madre al fin –
que los pechos, así separados, eran los pechos griegos
de la Venus de Milo.

In der Nacht stellt die Ehefrau klar

Nein.
Ich habe nicht die Beine Cindy Crawfords.
Ich verbrachte mein Leben nicht auf Laufstegen,
Modenschauen, sonnenbraun unter den Lichtern der Fotografen.
Meine Beine sind breit noch bevor sie in die Hüften münden
und trotz meiner zahlreichen Versuche
im Aerobic-Anzug auf dem Boden zu schwitzen
kann ich ihren Hang zum Ausufern nicht hindern,
wie Säulen, die saftige Stützen brauchen.

Nein.
Ich habe nicht die Taille Cindy Crawfords.
Noch den perfekten Bauch, glatt und leicht konkav
mit dem herrlichen Nabel in der Mitte.
Einmal besaß ich so einen Bauch. Einmal war ich stolz
auf diese Gegend meiner Anatomie.
Das war, bevor ich Camilo gebar,
bevor er beschloß, es eilig zu haben
und diese Welt mit den Füßen zuerst zu betreten;
bevor der Kaiserschnitt
mir eine Narbe ließ.

Nein. Ich habe nicht die Arme Cindy Crawfords,
gebräunt, gedrechselt, jeder Muskel durch die richtige
                                        Übung gestärkt,
fein austariert die Gewichte.
Meine schlanken Arme haben nicht mehr Muskeln gebildet
als ich zum Anschlagen dieser Tasten brauche,
meine Kinder zu tragen, mir die Haare zu bürsten,
zu gestikulieren beim Reden über die Zukunft,
die Freunde zu umarmen.

Nein.
Ich habe nicht die Brüste Cindy Crawfords,
hoch und rund, Körbchen B oder C.
Die meinen konnten nie glänzen im Dekolleté,
auch wenn meine Mutter mir versicherte – eine Mutter eben –,
so auseinanderstehende Brüste seien die griechischen Brüste
der Venus von Milo.

¡Ah! Y la cara, la cara de la Cindy Crawford, ni se diga.
Ese lunar en la comisura de la boca,
las facciones tan en órden, los ojos grandes,
el arco de las cejas, la nariz delicada.
Mi cara, por la costumbre, ha terminado por gustarme:
los ojos de elefante, la nariz con sus ventanas de par en par,
la boca respetable, después de todo sensual.
Se salva el conjunto con la ayuda del pelo.
En este departamento sí puedo aventajar a la Cindy Crawford.
No sé si esto pueda servirte de consuelo.

Por último y como la más pesada evidencia,
no tengo el trasero de la Cindy Crawford:
pequeño, redondo, cada mitad exquisitamente delineada.
El mío es tenazmente grande, ancho,
ánfora o tinaja, usted escoja.
No hay manera de ocultarlo
y lo más que puedo es no tenerle vergüenza,
sacarle provecho para leer cómodamente sentada
o ser escritora.

Pero decime:
¿Cuántas veces has tenido a la Cindy Crawford
a tus pies?
¿Cuántas veces te ha ofrecido, como yo, ternura en la mañana,
besos en la nuca mientras dormís,
cosquillas, risas, el sorbete en la cama,
un poema de pronto, la idea para una aventura,
las premoniciones?
¿Qué experiencias te podría contar la Cindy Crawford
que, remótamente, pudieran compararse con las mías,
qué revoluciones, conspiraciones, hechos históricos,
tiene ella en su haber?
Modestia aparte: ¿Será su cuerpo tan perfecto
capaz de los desaforos del mío,
brioso, gentil, conocedor de noches sin mañana,
de mañanas sin noche,
sabio explorador de todos los rincones de tu geografía?

Pensalo bien. Evaluá lo que te ofrezco.
Cerrá esa revista
y vení a la cama.

Ach, und das Gesicht Cindy Crawfords, vom Gesicht
ganz zu schweigen.
Dieser Schönheitsfleck im Mundwinkel,
die Züge so geordnet, die großen Augen,
der Bogen der Brauen, die zarte Nase.
Mein Gesicht hab ich aus Gewöhnung gern:
die Elefantenaugen, die Nase mit ihren offenen Flügeln,
der Mund ansehnlich, alles in allem sinnlich.
Das Ganze wird annehmbar mit Hilfe der Haare.
Auf diesem Gebiet bin ich Cindy Crawford wohl überlegen.
Ich weiß nicht, ob das ein Trost ist für dich.

Und endlich als schwerwiegendster Beweis:
Ich habe nicht den Hintern Cindy Crawfords,
klein, rund, jede Hälfte exquisit gezeichnet.
Der meine ist hartnäckig groß und breit,
heiliges Gefäß oder Tonkrug, du kannst wählen.
Unmöglich, ihn zu verstecken,
und alles, was ich tun kann, ist, mich seiner nicht zu schämen,
sondern ihn zu nutzen, um bequem sitzend zu lesen
oder Schriftstellerin zu sein.

Aber sag einmal: Wie oft lag Cindy Crawford
dir zu Füßen?
Wie oft schenkte sie dir Zärtlichkeiten am Morgen,
Küsse in den Nacken, während du schliefst,
Kitzeln, Lachen, Fruchteis ans Bett,
ein spontanes Gedicht, einen Vorschlag für ein Abenteuer,
Zukunftsgesichte?
Von welchen Erfahrungen könnte dir Cindy Crawford berichten,
die auch nur annähernd den meinen glichen,
welche Revolutionen, Verschwörungen, historische Ereignisse
kann sie vorweisen?
Bescheidenheit beiseite: Ist ihr so perfekter Körper
der Ungezügeltheit des meinen fähig,
feurig, zärtlich, Kenner von Nächten ohne Morgen
und von Morgen ohne Nächten,
kluger Erforscher aller Regionen deiner Geografie?

Denke gut darüber nach. Wäge ab, was ich dir biete.
Leg die Zeitschrift weg
und komm ins Bett.

Mujer irredenta

Hay quienes piensan
que he celebrado en exceso
los misterios del cuerpo
la piel y su aroma de fruta.

¡Calla, mujer! – me ordenan –
No nos aburras más con tu lujuria
Vete a la habitación
Desnúdate
Haz lo que quieras
Pero calla
No lo pregones a los cuatro vientos

Una mujer es frágil, leve, maternal;
en sus ojos los velos del pudor
la erigen en eterna vestal de todas las virtudes.
Una mujer que goza es un mar agitado
donde sólo es posible el naufragio.

Cállate. No hablés más de vientres y humedades.
Era quizás aceptable que lo hicieras en la juventud.
Después de todo, en esa época, siempre hay lugar para el desenfreno.
Pero ahora, cállate.
Ya pronto tendrás nietos. Ya no te sientan las pasiones.
No bien pierde la carne su solidez
debes doblar el alma
ir a la Iglesia
tejer escarpines
y apagar la mirada con el forzado decoro de la menopausia.

Me instalo hoy a escribir
para los Sumos Sacerdotes de la decencia
para los que, agotados los sucesivos argumentos,
nos recetan a las mujeres la vejez prematura
la solitaria tristeza
el espanto precoz a las arrugas.

Unverbesserlich

Manche meinen
zu überschwenglich feiere ich
die Geheimnisse des Körpers
das Fleisch und seinen süßen Duft nach Früchten.

Halt endlich den Mund, Frau, sagen sie,
laß uns in Ruh' mit deiner Lust.
Geh in dein Zimmer
zieh dich aus
tu was du willst
doch schweig
und schrei es nicht in alle Winde.

Eine Frau muß zart sein, mütterlich und sanft;
Schleier der Scham vor ihren Augen
erheben sie zur ewigen Hüterin der Tugend.
Eine Frau, die sich der Lust hingibt, ist wie ein aufgewühltes Meer
wo man nur untergehen kann.

Schweig endlich. Sprich nicht mehr von Leibern
und von Feuchtigkeit.
Früher, als du jung warst, mochte das noch angeh'n.
Immerhin darf man in diesem Alter wohl etwas ungezügelt sein.
Doch jetzt muß Schluß sein.
Bald wirst du Enkel haben. Da werden Leidenschaften lächerlich.
Wenn das Fleisch erst aufhört, fest zu sein,
mußt du die Seele falten,
zur Kirche gehen,
Strümpfe stricken
und den Blick löschen lassen von der erzwungenen Würde
der Wechseljahre.

Heut setz ich mich und schreibe
gegen die Hohenpriester der Anständigkeit,
gegen alle, die, wenn Argumente nichts mehr taugen,
uns Frauen ein verfrühtes Alter verschreiben
einsame Traurigkeit
vorzeitige Furcht vor Falten.

¡Ah! Señores; no saben ustedes
cuánta delicia esconden los cuerpos otoñales
cuánta humedad, cuánto humus
cuánto fulgor de oro oculta el follaje del bosque
donde la tierra fértil
se ha nutrido de tiempo.

Ah, meine Herren! Wißt ihr denn
wieviele Wunder herbstliche Körper verbergen,
wie große Feuchtigkeit, wie starken Humus
wieviel goldenen Glanz versteckt im Blattwerk des Waldes
wo die fruchtbare Erde
sich nährte von Zeit.

No me arrepiento de nada

Desde la mujer que soy,
a veces me da por contemplar
aquellas que pude haber sido;
las mujeres primorosas,
hacendosas, buenas esposas,
dechado de virtudes,
que deseara mi madre.
No sé por qué
la vida entera he pasado
rebelándome contra ellas.
Odio sus amenazas en mi cuerpo.
La culpa que sus vidas impecables,
por extraño maleficio,
me inspiran.
Reniego de sus buenos oficios;
de los llantos a escondidas del esposo,
del pudor de su desnudez
bajo la planchada y almidonada ropa interior.
Estas mujeres, sin embargo,
me miran desde el interior de los espejos,
levantan su dedo acusador
y, a veces, cedo a sus miradas de reproche
y quiero ganarme la aceptación universal,
ser la »niña buena«, la »mujer decente«
la Gioconda irreprochable.
Sacarme diez en conducta
con el partido, el estado, las amistades,
mi familia, mis hijos y todos los demás seres
que abundantes pueblan este mundo nuestro.
En esta contradicción inevitable
entre lo que debió haber sido y lo que es,
he librado numerosas batallas mortales,
batallas a mordiscos de ellas contra mí
– ellas habitando en mí
queriendo ser yo misma –
Transgrediendo maternos mandamientos,
desgarro adolorida y a trompicones
a las mujeres internas
que, desde la infancia, me retuercen los ojos

Ich bereue nichts

Von der Frau aus, die ich bin
betrachte ich manchmal die,
die ich hätte sein können;
die vortrefflichen Frauen,
fleißige, gute Ehefrauen
Muster der Tugend,
die meine Mutter immer wollte.
Ich weiß selbst nicht, weshalb
ich mein ganzes Leben lang
gegen sie kämpfte.
Ich hasse ihre Bedrohungen in meinem Körper.
Das Schuldgefühl, das ihr so tadelloses Leben
durch merkwürdige Zauberhand
mir einflößt.
Ich verabscheue ihre guten Taten
die vor dem Ehemann versteckten Tränen
die Scham vor ihrer Nacktheit
unter der gebügelten, gestärkten Unterwäsche.
Und doch sehen mich diese Frauen
an aus dem Inneren der Spiegel,
heben anklagend den Finger
und manchmal geb ich nach dem vorwurfsvollen Blick
und möchte allgemeine Anerkennung mir gewinnen,
das »liebe Mädchen« sein, die »anständige Frau«,
Gioconda ohne Fehl und Tadel.
Mir eine Eins verdienen in Betragen
von der Partei, dem Staat, den Freunden,
meiner Familie, den Kindern, allen andren Wesen
die zahlreich unsre Welt bevölkern.
In diesem unvermeidlichen Widerspruch
zwischen dem, was hätte sein sollen, und dem, was ist,
hab ich zahlreiche tödliche Schlachten geschlagen
Schlachten mit Klauen und Zähnen von ihnen gegen mich
– sie, die in mir wohnen
gegen mich, die ich ich selbst sein will.
Ich überschreite die Gebote meiner Mutter
und zerfetze schmerzend, wütend schlagend
die Frauen in mir,
die mir seit meiner Kindheit meine Augen auskratzen

porque no quepo en el molde perfecto de sus sueños,
porque me atrevo a ser esta loca, falible, tierna y vulnerable,
que se enamora como alma en pena
de causas justas, hombres hermosos,
y palabras juguetonas.
Porque, de adulta, me atreví a vivir
la niñez vedada,
e hice el amor sobre escritorios
– en horas de oficina –
y rompí lazos inviolables
y me atreví a gozar
el cuerpo sano y sinuoso
conque los genes de todos mis ancestros
me dotaron.
No culpo a nadie. Más bien les agradezco los dones.
No me arrepiento de nada, como dijo la Edith Piaf.
Pero en los pozos oscuros en que me hundo,
cuando, en las mañanas, no más abrir los ojos,
siento las lágrimas pujando,
veo a esas otras mujeres esperando en el vestíbulo,
blandiendo condenas contra mi felicidad.
Impertérritas niñas buenas me circundan
y danzan sus canciones infantiles contra mí;
contra esta mujer
hecha y derecha,
plena.
Esta mujer de pechos en pecho
y caderas anchas
que, por mi madre y contra ella,
me gusta ser.

weil ich nicht in die perfekte Gußform ihrer Träume passe
weil ich es wage, verrückt zu sein und fehlbar, zärtlich und verletzlich,
und mich unrettbar verlieben kann
in die gerechte Sache, schöne Männer
und verspielte Worte.
Weil ich erwachsen
die verbot'ne Kindheit lebte
auf Schreibtischen die Liebe pflegte
– und zur Bürozeit –
Bande zerriss, die unzerreißbar waren,
und wagte, meinen festen und gesunden
Körper zu genießen
mit dem die Gene meiner Vorfahren
mich einst ausgestattet haben.
Ich gebe niemandem die Schuld. Eher danke ich für mein Talent.
Nein, ich bereue nichts, wie es Edith Piaf schon sagte.
Doch in den dunklen Brunnen, in denen ich versinke
wenn ich morgens, kaum daß ich erwache,
die Tränen in die Augen drängen spür
seh ich jene andren Frauen dort im Vorraum auf mich warten
und Urteile wetzen gegen all mein Glück.
Unerschrockene liebe Mädchen nehmen mich in ihren Kreis
und tanzen ihre Kinderlieder gegen mich;
gegen diese Frau
mit allem Drum und Dran
vollständig.
Diese Frau mit Brüsten auf der Brust
und breiten Hüften
die ich, dank meiner Mutter und auch gegen sie,
zu sein beliebe.

Placeres Secretos

¡Ah! ¡Si pudiera alimentarme tan sólo de sorbete!
Altos conos de dulces hielos
donde mi lengua hurga el tenue sabor
de los atardeceres,
perezosa lamiendo el helado
mientras los ojos registran
el gesto frívolo de los transeúntes
deslizándose arriba y abajo del crepúsculo.

¡Ah! ¡El café y sus toldos amarillos!
¡Las aceras, las mesas en el resplandor!
Posada en una silla
– como un ave mirando a la presa –
veo al hombre silencioso.
El sorbete se deshace en la oscuridad de mi boca.
Pasan frente al desconocido
mujeres humedecidas por la transpiración.

Altas palmeras cimbrean en el viento.
Niños vagabundos hacen rodar sin descanso
la exangue pelota amarilla.
El frío entre mis dientes languidece
deshaciéndose en recintos espesos.

¡Ah! El calor.
Los movimientos apagados, tenues, del mesero,
asomándose al escote de la turista ingenua.
Cuchara que se hunde en la copa de cristal.
Vainilla.Cacao.Café.Coco.Fresa
sobre papilas agitadas.
Mi lengua vuelve a lamer el sabor
reanuda el placer íntimo y solitario.
– El hombre tiene la súbita tentación
de volverse y mirar –
Pretendo una pose ausente, oscura.
El sol desciende. Gira lento. Se disuelve
sobre el café, los toldos amarillos.
Las adolescentes modosas van por la acera.
Garzas de largas piernas lamiendo conos impúdicos.

Geheime Lüste

Ah! Könnte ich mich doch allein von Eis ernähren!
Hohe Kegel süßer Eiskrem
wo meine Zunge nach dem zarten
Aroma später Nachmittage forscht,
träge am Gefrorenen leckt
während die Augen
dem müßigen Treiben der Passanten zuschaun
die in der Dämmerung vorbeiflanieren.

Ah! Das Café mit seinen gelben Markisen!
Der Bürgersteig, die Tische im Glanz der Abendsonne!
Von meinem Stuhl aus sehe ich
– wie ein Raubvogel seine Beute –
den schweigsamen Mann.
Das Eis zerschmilzt im Dunkel meines Mundes.
Und vor dem Fremden gehen Frauen vorbei
die feucht geworden sind vom Schwitzen.

Hohe Palmen wiegen sich im Wind.
Straßenkinder lassen ohne Unterlaß
den schlappen, gelben Ball rollen.
Die Kälte schwindet zwischen meinen Zähnen
und schmilzt dahin in zähen Schlucken.

Ah! Diese Hitze!
Die feinen, spärlichen Bewegungen des Kellners,
als er sich über den Ausschnitt der ahnungslosen Touristin beugt.
Löffel, der sich in den gläsernen Becher senkt.
Vanille. Schokolade. Mokka. Erdbeer
auf den erregten Zungennerven.
Meine Zunge leckt wieder den Geschmack
fährt fort im einsamen Genuß.
– Der Mann hat plötzlich die Versuchung
sich umzudrehen und herzuschaun. –
Ich bemühe mich, abwesend auszusehen, unnahbar.
Die Sonne sinkt. Kreist langsam. Und zerfließt
über Café und gelbe Markisen.
Junge Mädchen spazieren artig auf dem Gehsteig.
Langbeinige Reiher, die schamlos an ihren Eistüten schlecken.

Blanco.Chocolate.Rosa, en el poniente de mi falda
que, al levantarme, roza levemente la pierna del extraño.
Sin mirarlo, abandono mi mesa bajo los toldos.
Me perderé en la cálida noche
apenas abierta.
Sus ojos rodando, desquiciados,
sobre mi espalda.

Weiß. Schokoladenbraun. Rosarot auf der Abendseite meines Rockes
der, als ich aufsteh, leicht das Bein des Fremden streift.
Ohne einen Blick für ihn verlasse ich meinen Tisch
                                        unter der Markise.
Ich werde mich in der lauen Nacht verlieren
die sich kaum öffnet.
Seine Augen streifen fassungslos
über meinen Rücken.

Luz de mi padre

Cuando yo era niña,
en los jardines crecían anchas y azules las milflores.
El mundo era un patio redondo y una fuente pintada de rojo.
Era una cabaña de troncos con terraza y cocoteros,
frente al mar donde, todas las tardes,
el sol moría su muerte mítica
de astro zambullido en el océano.

Escucho voces en la distancia. Veo como si se tratara
de imágenes guardadas en celuloide,
el rumor de las vacaciones escolares;
el camión con los muebles llegando a puerto,
el dormitorio con los catres y los mosquiteros,
los hombres descargando camas, cocina, refrigeradora
el motor de diesel en la noche,
y tus brazos, papá, jalando la cuerda para encender la luz
tu brazo ancho y cubierto de suave vello negro.

Veo tu perfil en el hospital
tu ceño agudo concentrándose en el retorno desde la anestesia.
Hace ya más de una hora que te trajeron de la sala de operaciones
y con ojos entreabiertos has sonreído a mis ojos,
que, desde la infancia, con la misma avidez, te contemplan,
esperando que encendés el motor Diesel
que se haga la luz en la casa.

Luego era la repartición de las camas
y la algazara bajo los mosquiteros.
Sólo tu figura recortada en la puerta,
acallaba el bullir de nuestra alegría.
Era hora de dormir
y debíamos fingir al menos el porte angelical de
niños bien portados.
En una de esas noches
me sorprendiste insomne
y me enseñaste el truco de la almohada,
el abrazo de aquel cuerpo de trapo
para sentirme segura y cálida en la cama.

Licht meines Vaters

Als ich ein kleines Mädchen war
wuchsen in den Gärten breit und blau die [milflores]
Die Welt war ein runder Hof und ein rot angemalter Brunnen.
War eine Blockhütte mit Veranda und Kokospalmen
am Meer, wo jeden Abend
die Sonne ihren mythischen Tod starb
Stern, der im Ozean versinkt.

Ich höre Stimmen in der Ferne. Sehe, als handle es sich um
auf Zelluloid gebannte Bilder,
das aufgeregte Treiben in den Ferien;
den Möbelwagen, der im Hafenstädtchen ankommt,
das Schlafzimmer mit Pritschen und Moskitonetzen,
die Männer, die Betten, Herd und Kühlschrank schleppen,
den Dieselgenerator in der Nacht
und deine Arme, Papa, die die Kordel ziehen, mit der das Licht angeht,
dein breiter Arm, von schwarzem Flaum bedeckt.

> *Ich sehe dein Profil im Hospital*
> *die Stirn in scharfen Falten, die sich auf die Rückkehr aus der*
> *Narkose konzentriert.*
> *Vor mehr als einer Stunde hat mich dich aus dem OP geholt*
> *und mit halboff'nen Augen hast du die Meinen angelächelt,*
> *die seit der Kindheit dich genauso wach betrachten*
> *und darauf warten, daß du den Dieselmotor anwirfst*
> *und daß es Licht im Hause wird.*

Dann kam die Aufteilung der Betten
und das Getobe unter den Moskitonetzen.
Nur der Umriß deines Körpers in der Tür
vermochte es, den Freudenlärm zu bremsen.
Es war Schlafenszeit
und wir mußten wenigstens so tun, als hätten wir das Engelsbetragen
von braven Kinderchen.
In einer dieser Nächte
fandest du mich schlaflos
und zeigtest mir den Trick mit dem Kopfkissen,
das Umarmen jenes Körpers aus Stoff
um mich warm und sicher in meinem Bett zu fühlen.

Te llevaron a la sala de operaciones vestido de verde,
tu cabeza sin posarse sobre la almohada,
la enfermera empujando la camilla,
haciendo bromas para aquietar los miedos.

Los viernes regresabas de Managua.
Yo contaba las horas en la parte de atrás de la casa,
esperando ver los faros del carro romper la oscuridad,
los faros aproximándose en la carretera,
la llegada del hombre que me abrazaba y me besaba,
y en cuyo pecho todas mis inseguridades se deshacían en calor,
y en la actividad de bajar las bolsas
la comida
»Ya vino mi papá«
Con mi madre y mis hermanos,
ronda nocturna alrededor de la luz.
El sábado amanecía con ímpetu de día especial,
día de las grandes aventuras,
de esteros anchos, manglares y jornadas de pesca
así hasta el Lunes,
hasta que te despedíamos en la mañana temprana
y la cola del automovil se perdía dejando una polvareda de tristeza.

Estás lejano en el sueño y apenas sin saberte.
Desde la silla donde espero que despertés,
un amor de ternura filosa me atraviesa.

Rasgos de hombre dormido,
en cuyo interior alguna vez durmiese yo,
te convoco en mil y un recuerdos infantiles.
Siempre con luz.
Siempre iluminando mi sombra.

Sie brachten dich ganz grüngekleidet in den OP,
dein Kopf ruhte kaum dort auf dem Kissen,
die Schwester, die das Bett schob
machte Witze, um die Angst zu mildern.

Freitags kamst du immer aus Managua zurück.
Hinter dem Haus zählte ich die Stunden
und wartete darauf, daß die Scheinwerfer des Autos
                          die Dunkelheit durchbrachen,
die Scheinwerfer, die auf der Straße näherkamen,
die Ankunft des Mannes, der mich in die Arme nahm und küßte
und an dessen Brust sich all meine Unsicherheit in Wärme auflöste
und im Ausladen der Tüten
und der Lebensmittel.
»Papa ist da«.
Mit meiner Mutter, den Geschwistern
saßen wir abends um die Lampe.
Der Sonnabend begann so ungestüm wie ein besondrer Tag
ein Tag der großen Abenteuer,
der breiten Flußmündungen, Mangrovensümpfe, Angelfahrten,
und das bis Montag,
bis wir dir früh am Morgen Wiedersehen sagten
und das Heck des Wagens in trauriger Staubwolke verschwand.

Du bist weit weg im Schlaf und kennst dich kaum.
Von dem Stuhl aus, wo ich darauf warte, daß du aufwachst
durchfährt mich scharf und zärtlich eine Liebe.

Züge eines schlafenden Mannes,
in dessen Innern ich einst schlief,
ich sammle dich in tausendundeiner Erinnerung an meine Kindheit.
Immer im Licht.
Immer meinen Schatten erhellend.

Dolor de los Espejos

No es sino con temor
que una mujer se aproxima
día a día hasta el espejo
y se tercia con la propia imagen.
Llega la hora de los hechizos
y las brujas.
Hora de los cosméticos y las abluciones,
la nostalgia ante las fotos luminosas
de la nada eterna juventud.
Entonces uno se pregunta
cuánto tiempo más durará la pasión,
el amor por las bicicletas
y los cuentos de amantes furtivos.
Uno se pregunta si el amor tendrá edad,
si el tiempo será tan implacable
como los espejos.

Spiegelschmerz

Nicht ohne Angst
nähert sich eine Frau
Tag für Tag dem Spiegel
und stellt sich dem eigenen Bild.
Dann kommt die Stunde der Zauberelexiere
und der Hexen.
Stunde der Kosmetika und Wässerchen,
der Nostalgie im Angesicht der Hochglanzfotos
der überhaupt nicht ewig währenden Jugend.
Da fragt man sich
wie lang die Leidenschaft noch währt
die Vorliebe für Fahrräder
und Geschichten von heimlichen Liebhabern.
Man fragt sich, ob die Liebe ein bestimmtes Alter hat
und ob die Zeit so unerbittlich sein wird
wie die Spiegel.

Peligros de los Mares

Amado,
Mientras tu, como Odiseo,
te dedicas al apresto de tu flota
para explorar los mares,
en búsqueda del atardecer perfecto,
la sombra larga del ala de la gaviota,
el arco plateado del lomo del delfín,
el tiempo,
armado con sus finos instrumentos
de relojero vengativo,
trabaja sobre nuestros cuerpos.

Ya que todavía podemos pretender
que la visión de la madurez
no es más que un espejismo,
es menester que regreses
y que de nuevo descubramos
las pasiones capaces de hundir
la entera flota aquea
y sus penachos multicolores.

Gefahren der Meere

Geliebter,
während du dich, wie Odysseus,
der Vorbereitung deiner Flotte widmest
um auf der Suche nach dem schönsten Abend
dem langen Schatten eines Möwenflügels
dem Silberbogen des Delphinrückens
die Meere zu erforschen,
arbeitet die Zeit
bewaffnet mit den feinen Instrumenten
eines rachsüchtigen Uhrmachers
an unseren Körpern.

Jetzt, da wir noch so tun können,
als sei die vor uns liegende Reife
nichts weiter als ein Trugbild,
ist's höchste Zeit, daß du zurückkehrst
und wir erneut die Leidenschaft entdecken,
die fähig ist, die ganze Flotte der Achäer zu versenken
mitsamt all ihren bunten Bannern.

Sabor de Vendimia

Recuerdo el terror de las primeras arrugas.
Pensar: Ahora si. Ya me llego la hora.
Las líneas de la risa marcadas sobre mi cara
aun en medio de la más absoluta seriedad.
Yo, frente al espejo,
intentando disolverlas con mis manos,
alisándome las mejillas, una y otra vez,
sin resultado.
Luego fue la mirada furtiva de mi reflejo en los escaparates
preguntarme si la luz del día las haría más evidentes,
si el que me observaba desde la otra acera
estaría censurando mi incapacidad de mantenerme joven,
incólume ante el paso del tiempo.

Viví esas primeras marcas de la edad
con la vergüenza de quien ha fallado.
Como una estudiante que reprueba el examen
y debe caminar por la calle
con las malas notas expuestas ante todos.
      – Las mujeres nos sentimos culpables de envejecer,
      como si pasada la juventud de la belleza,
      apenas nos quedara que ofrecer,
      y debiéramos hacer mutis;
      salir y dejar espacio a las jóvenes,
      a los rostros y cuerpos inocentes
      que aun no han cometido el pecado
      de vivir más allá de los treinta o los cuarenta –

No sé cuando dispuse rebelarme.
No aceptar que sólo se me concedieran como válidos
los diez o veinte años con piel de manzana;
sentirme orgullosa de las señales
de mi madurez.

Zeit der Weinlese

Ich denke an den Schreck der ersten Falten.
Gewiß zu sein: Nun ist's soweit. Jetzt bin ich dran.
Die Lachfalten in mein Gesicht markiert
noch wenn der Ernst am tiefsten war.
Ich, vor dem Spiegel, mühte mich
sie mit den Händen aufzulösen
und glättete die Wangen ein ums andre Mal,
ohne Erfolg.
Dann der verstohl'ne Blick aufs Spiegelbild im Schaufenster
die Frage, ob das Tageslicht sie richtig sichtbar machte,
ob der, der mich von gegenüber ansah
meine Unfähigkeit tadelte, jung zu bleiben
nicht zu erschüttern durch den Zug der Zeit.

Ich erlebte diese ersten Anzeichen des Alters
mit der Scham derer, die gefehlt hat.
Wie die Schülerin, die durch die Prüfung fällt
und deren schlechte Noten alle wissen,
wenn sie die Straße überquert.
   – Wir Frauen haben Schuldgefühle, alt zu werden
   als bliebe uns, wenn sie vorübergeht, die Jugendzeit
                                        der Schönheit
   kaum etwas noch zu bieten:
   wir müßten uns in Luft auflösen
   verschwinden und den Jungen Platz machen
   den unschuldigen Körpern und Gesichtern
   die noch nicht die Sünde begingen
   mehr als dreißig oder vierzig Jahre lang zu leben.

Ich weiß nicht mehr, wann ich beschloß, mich aufzulehnen.
Nicht hinzunehmen, daß man mir als wertvoll
nur die zehn bis zwanzig Jahre mit der Pfirsichhaut gewähren wollte;
mich stolz zu fühlen auf die Zeichen
meiner Reife.

Ahora,
gracias a estos razonamientos
cada vez me detengo menos
frente al espejo.
Paso por alto
la aparición de
inevitables líneas
en el mapa de vida del rostro.

Después de todo,
el alma,
afortunadamente,
es como el vino.
Que me beba quién me ame,
que me saboree.

Jetzt stehe ich
dank dieser Überlegungen
nur noch sehr selten
vor dem Spiegel.
Ich ignoriere
das Erscheinen
unvermeidlicher Linien
auf der Lebenskarte des Gesichts.

Schließlich
ist die Seele
zu unserm Glück
wie Wein.
Möge mich trinken, wer mich liebt,
möge er mich kosten.

Los Cuarenta

Recuerdo a mi madre despotricando
contra el pie de foto de un periódico en Managua:
»Anciana de 43 años muere atropellada por un camión«.
No les bastaba con que hubiera sufrido la muerte – decía –
encima la insultaban tachándola – tan jóven – de anciana.

Mi madre, por ese tiempo, tendría la misma edad.
Y decía no sentirse vieja.
Yo la miraba con un poco de sospecha.
A los veinte, los cuarenta suenan remotos
y ciertamente a óxido y decrepitud;
cuánto engaño pueden encerrar los números!

Cuando me veo forzada a decir mi edad,
soy la primera que duda
que el número de años me corresponda.

Después de juventudes de angustia,
sé quién soy, lo que quiero
y el precio que estoy dispuesta a pagar por conseguirlo.

Me pregunto si, obligadas a temer el medio de la vida,
pasemos por alto el momento de equilibrio de la balanza:
el instante mágico
en que los astros de la vida se alinean
y equidistantes el pasado y el futuro
nos tornamos leves, aladas
prestas para danzar
tan sólo por el inefable placer de movernos
y saber que cada movimiento nos pertenece.

Se me ocurre que hay que correr la voz:
¡Mujeres cuarentonas, uníos!
Vamonos de nuevo al bosque
y a la luz de la luna
bailemos otra vez las danzas paganas
de las antiguas
y sabias
brujas.

Die Vierziger

Ich weiß noch, wie einst meine Mutter lauthals schimpfte
über die Zeile unter einem Zeitungsfoto in Managua.
»Dreiundvierzigjährige alte Dame von Lastwagen überfahren.«
Nicht nur, daß sie totgefahren wurde, sagte sie,
zudem beschimpfte man sie so jung auch noch als alte Frau.

Damals war meine Mutter ungefähr im gleichen Alter.
Und sie gab vor, sich garnicht alt zu fühlen.
Ich konnte es ihr nicht ganz glauben.
Mit zwanzig klingen die Vierziger unendlich fern
und ganz bestimmt nach Rost und Altersschwäche.
Wie sehr die Zahlen täuschen können!

Muß ich einmal mein Alter sagen
bin ich die erste, die sich fragt,
ob das tatsächlich meine Jahre sind.

Nach einer Jugendzeit von Ängsten
weiß ich heut, wer ich bin und was ich will
und kenn den Preis, den ich bereit zu zahlen bin.

Ich frage mich, ob wir nicht aus dem Zwang zur Furcht vor
                                     unserer Lebensmitte
das Gleichgewicht der Waage nicht erkennen
den magischen Augenblick
da unsere Sterne ihre Grade finden
und wir, gleich weit entfernt vom Gestern und vom Morgen
ganz leicht sein können und beschwingt
bereit zum Tanz
aus bloßer Freude an der Bewegung
jede Gebärde uns ganz zugehörig wissend.

Man müßte es wie eine Parole rufen:
Frauen in den Vierzigern, vereinigt euch!
Noch einmal wolln wir in die Wälder geh'n
und dort im Licht des Mondes
die heidnischen Tänze tanzen
der alten
und weisen
Hexen.

Contradicciones

a las inolvidables mujeres del PIE

Afuera,
la noche, agazapada,
aguarda como tigre
para saltar a través de la ventana.
En este recinto donde,
trabajosamente,
le arranco al aire las palabras,
me asombra el inesperado deseo
de un beso
leve
sobre la pierna.

No hay nadie aquí
Está mi cuerpo solo
mientras yo estoy con ellas:
las mujeres sin habla.
Esas que mis dedos escuchan,
esas que entran de noche
con aliento de luna.

Mujeres de los siglos
me habitan:
Isadora bailando con la túnica.
Virginia Woolf en su cuarto propio.
Safo lanzándose desde la roca.
Medea. Fedra. Jane Eyre
y mis amigas,
espantando la decrepitud del tiempo,
escribiéndose a sí mismas
sacudiendo viejas sombras para alumbrar sus perfiles
y poderse ver al fin
despojadas de toda constricción.

Mujeres danzan a la luz de mi lámpara.
Se suben a las mesas. Dicen discursos incendiarios.
Me sitian con los sufrimientos. Las marcas del cuerpo.
El alumbramiento de los hijos.
El silencio de las olorosas cocinas.
Los efímeros, tensos, dormitorios.

40

Widersprüche

für die unvergeßlichen Frauen der PIE

Draußen
duckt sich die Nacht
und wartet wie ein Tiger
auf den Todessprung durchs Fenster.
In diesem Raum wo ich
mühevoll
der Luft die Worte entreiße
erstaunt mich das unerwartete Verlangen
nach einem
      leichten
         Kuß auf meinem Bein.

Niemand ist bei mir.
Mein Körper ist allein
während ich bei ihnen bin:
den Frauen ohne Stimme.
Die, die meine Finger hören,
die, die nachts zu mir kommen
         mit dem Hauch des Mondes.

Frauen aus Jahrhunderten
bewohnen mich:
Isadora tanzt in der Tunika.
Virginia Woolf in ihrem eigenen Zimmer.
Sappho, die sich vom Felsen stürzt.
Medea. Phädra. Jane Eyre
und meine Freundinnen,
verscheuchen die Gebrechlichkeit der Zeit
und schreiben an sich selbst
und schütteln alte Schatten ab, ihr Profil anzuleuchten
sich endlich anzusehen
bar jeglicher Beschränkung.

Frauen tanzen im Licht meiner Lampe.
Sie steigen auf die Tische. Halten flammende Reden.
Belagern mich mit ihrem Leiden, ihren gezeichneten Körpern.
Dem Gebären ihrer Kinder.
Der Stille von Küchen mit ihren Gerüchen.
Die flüchtigen, nervös-gespannten Schlafzimmer.

Mujeres enormes.
     Monumentos me circundan.
Dicen sus poemas. Cantan. Bailan.
Recuperan la voz.
Dicen: »No pude estudiar latín. No pude escribir como
                                 Shakespeare.
     Nadie se apiadó de mi gusto por la música.«
George Sand: »Tuve que disfrazarme de hombre.
        Escribí oculta en el nombre masculino.«
Y más allá, Jane Austen
     acomodando las palabras de »Orgullo y Prejuicio«
     en un cuaderno, en la sala común de la parroquia,
     interrumpida innumerablemente por los visitantes.

Mujeres de los siglos,
     adustas
     envejecidas
     tiernas
con los ojos brillantes descienden en mi entorno.
Ellas
   perecederas
   inmortales
parecieran gozar en sus cuerpos de gaza,
viendo mi cuarto propio,
el nítido legajo de papeles blancos,
el moderno compacto procesador,
los estantes de libros,
los gruesos diccionarios.

Yo miro de soslayo el armario con la ropa blanca,
mis suaves y femeninas prendas íntimas.
Noto la lista del mercado en la mesa de noche.

Siento el deseo aún
de un beso
    leve
       sobre la pierna.

Riesenhafte Frauen.
      Monumente umgeben mich.
Sagen ihre Gedichte. Singen. Tanzen.
Finden die Stimme wieder.
Sagen: »Ich konnte nie Latein lernen. Ich konnte nicht
                        wie Shakespeare schreiben.
      Niemand nahm Rücksicht auf meine Liebe zur Musik.«
George Sand: »Ich mußte mich als Mann verkleiden.
          Ich schrieb versteckt in einem Männernamen.«
Und dort Jane Austen
      fügt Wort an Wort zu »Stolz und Vorurteil«
      in einem Schreibheft, im Versammungssaal im Pfarrhaus
      unzählig oft von den Besuchern unterbrochen.

Frauen aus Jahrhunderten
         nachdenklich ernst
         gealtert
         zärtlich
mit glänzenden Augen schweben um mich herab.
Sie,
      die Vergänglichen
      die Unsterblichen
scheinen zu lachen in ihren Geisterkörpern
als sie mein eigenes Zimmer sehen,
den sauberen Stoß weißen Papiers,
den modernen kleinen Schreibcomputer
die Buchregale,
dicken Wörterbücher.

Ich sehe verstohlen auf den Wäscheschrank,
die zarte, weiche Damenwäsche.
Sehe den Einkaufszettel auf dem Nachttisch.

Noch immer spür ich das Verlangen
nach einem leichten
         Kuß
            auf meinem Bein.

Sótanos de la Mujer

Amores excesivos
Corazones como árboles
o caravanas de camellos,
me construyeron
un largo sótano de tristezas.
Las emanaciones de sus húmedos pasillos
con toneles de vino arpillados,
suben, a veces, y me envuelven
en el vaho de viejas tristezas.
Es así que por días
dejo de ser la persona familiar
en la que usualmente me acomodo
y me convierto en la mujer
que desgarra vestiduras
tras su sombra.

Frauenkeller

Zuviel der Liebe
Herzen wie Bäume
oder Kamelkarawanen,
sie alle bauten mir
einen tiefen Keller der Traurigkeit.
Die Dünste seiner feuchten Gänge
mit aufgetürmten Fässern Wein
steigen empor, zuweilen, und hüllen mich
in Dämpfe alter Traurigkeit.
So kommt es, daß ich tagelang
nicht mehr die Gleiche bin
in der ich mich gemeinhin einrichte
und mich in jene Frau verwandle
die ihr Gewand zerreißt
hinter dem Schatten.

Mal día

¿Qué pasa dentro de mí?
¿Qué es lo que me lanza de un lado al otro?
Son acaso mis hormonas
llevándome sin pausa
de la euforia, el contento
a la tristeza y la decrepitud?

Hoy me levanté
crujiendo
como puerta mal aceitada.
Las bisagras doliosas
la madera rígida e inflexible.
El cuerpo
presto a la quejumbre.
La mente sin ánimo de pensar.

Este es un día perdido.
De esos que habría sido mejor no vivir.
Un día por el que me arrastro
sin sonrisa,
amodorrada y macilenta,
y no bendigo mi sexo
ni mi circunstancia.

¿Son las hormonas responsables del cansancio?
¿Es acaso mi ser mujer,
la vida que dí,
la que me cobra hoy la cuenta
ensañándose con mi corazón?

Empezó la injusticia
desde la primera célula?
Desde un Dios varón
y sin piedad?

Schlechter Tag

Was ist nur los in mir?
Was wirft mich so von einer Seite auf die andre?
Sind es etwa meine Hormone
die mich pausenlos
vom Jubel, der Zufriedenheit
in Trauer und Gebrechen stürzen?

Heut bin ich
quietschend aufgestanden
wie eine schlecht geölte Tür.
Die Scharniere schmerzen
das Holz ist hart und ungeschmeidig.
Der Körper
neigt zur Wehleidigkeit.
Der Geist hat keine Lust zu denken.

Dies ist ein verlorener Tag.
Von denen, die man garnicht leben sollte.
Ein Tag, durch den ich mich schleppe
ohne ein Lächeln,
schlaftrunken und blaß
und mein Geschlecht nicht segne
noch mein Befinden.

Sind die Hormone schuld an meiner Müdigkeit?
Ist es vielleicht mein Frausein,
das Leben, das ich gab,
das heut seine Rechnung fordert
und mein Herz bezahlen läßt?

Begann denn diese Ungerechtigkeit
schon bei der ersten Zelle?
Mit einem Männergott,
der kein Erbarmen kennt?

Quiero pensar que no.
Que quizás anoche no dormí bien.
que estoy, simplemente, cansada.
Pero las historias de miles de mujeres,
deprimidas en el medio de la vida,
por hormonas que faltan y se evaporan
suena a lúgubre admonición.

Temo que terminada la juventud
se me venga el tiempo encima
con un peso apenas soportable.

Sin duda resistiré
          – me digo rebelde –
los cambios de humor.
Acaso no resistí el dolor de mi cuerpo
abriéndose enorme para parir?
Pero dentro de mí
oigo alzarse un lamento,
una imprecación airada contra la Naturaleza
que amenazante advierte
que algún día
me sacará huyendo
de la vida.

Ich möchte glauben, daß es nicht so ist.
Daß ich vielleicht die Nacht nicht gut geschlafen
und einfach müde bin.
Doch die Geschichte von so vielen Frauen,
die mitten im Leben Depressionen packen
weil Hormone fehlen, sich verflüchtigen,
klingt wie eine düstre Mahnung.

Ich fürchte, nach dem Ende meiner Jugend
kommt jetzt die Zeit auf mich herab
mit kaum erträglichem Gewicht.

Ganz zweifellos halt ich ihn aus
    – so sag ich mir rebellisch –
den Wandel meiner Launen.
Hielt ich denn nicht den Schmerz des Körpers aus,
als er sich riesig öffnete, um zu gebären?
Doch tief in mir
erhebt sich eine Klage,
wütende Schelte gegen die Natur
die drohend warnt
daß sie mich eines Tages
das Leben fliehen
lassen wird.

La Poeta se reune con sus Palabras

En la tarde
intento el canto
desanudar la opresión en el pecho.
Me reuno con mis palabras acaloradas
en la sala de mi estudio minúsculo.
El café está servido.
Afuera el viento amenaza lluvia.

»Has vivido mucho estos días – rezonga una –
Nos andás amontonadas en la sangre,
saltando las unas sobre las otras,
densas, innumerables,
robándonos las sílabas en el apretujamiento.«
»No aguantamos más – dice una palabra flaca y malhumorada –
Necesitamos que nos saqués a una buena página blanca,
y que nos des aire fresco.«
»No sabemos por qué de pronto esta parquedad,
este silencio« – suspira la palabra Sonido, sonando sus castañuelas,
mientras Rabia sacude la cabellera, sin apartarme la mirada,
y Dolor da vueltas, afinando la punta de los lápices.

– He sufrido mucho – respondo – No sé cómo decirlas,
qué hacer para que no se mojen en un invierno desquiciado.
No quiero colocarlas mal.
Ponerlas de cualquier modo en una frase mal construída.
Me importan sus condiciones de vida.

Silencio.

Las palabras se miran alrededor de la mesa,
levantan cautas las tazas de café.
Sólo la palabra Tristeza mira a las demás con
expresión de auto-suficiencia.
Las palabras alegres se mueven incómodas,
amenazan con dejar la reunión.
Después de todo, dicen, no las voy a ocupar,
para qué tenerlas allí, perdiendo el tiempo.
Desórden aprovecha la oportunidad y
desarregla todas sus letras.
»Quién modera?« – clama Paciencia, sofocando un largo bostezo.

Die Dichterin versammelt sich mit ihren Worten

Am Nachmittag
versuche ich Gesang
den Druck auf meiner Brust zu lösen.
Ich setze mich mit meinen Worten
in die Sessel meines kleinen Studios.
Der Kaffee ist schon serviert.
Dort draußen droht der Wind mit Regen.

»Du hast viel gelebt in diesen Tagen«, schilt mich eines.
»Jetzt stauen wir uns dir im Blut
und türmen uns übereinander
dicht und zahllos
und stehlen uns im Durcheinander Silben.«
»Wir halten's einfach nicht mehr aus«, sagt mir ein schmales,
schlechtgelauntes Wort.
»Du mußt uns wieder mal auf eine schöne, weiße Seite bringen
und uns die frische Luft zu atmen geben.«
»Wir wissen nicht, weshalb du jetzt so wortkarg bist,
so schweigsam«, seufzt das Wort »Klang« und läßt die
                                        Kastagnetten rasseln,
während »Wut« den Haarschopf schüttelt ohne den Blick
                                        von mir zu wenden
und »Schmerz« umhergeht und die Bleistifte anspitzt.

»Ich habe viel gelitten«, gebe ich zurück. »Ich weiß nicht,
                                        wie euch sagen,
was ich tun soll, daß ihr nicht naß werdet in der tollen Regenzeit.
Ich möchte euch nicht unschön setzen.
Euch irgendwie zu einem schlechten Satz versammeln.
Ich mach mir was daraus, wie es euch geht.

Schweigen.

Die Wörter sehen sich rings um den Tisch her an
und heben bedächtig ihre Tassen.
Nur das Wort »Traurigkeit« sieht auf die anderen
mit einem Ausdruck großer Selbstgenügsamkeit.
Die fröhlichen Wörter rutschen unbequem auf ihren Stühlen
und drohen, die Versammlung zu verlassen.

Nadie modera – digo – Necesito dejarlas sueltas.
Estamos reunidas para compartir esta crisis,
esta desolación. La pérdida de los nombres,
los sentimientos innombrables.
Las reuno sólo para sentirlas. No puedo decir lo inexplicable.

»Estamos desempleadas« – murmuran.
Se agitan penosamente imaginando largas tardes de ocio
en las bancas de cualquier parque.

Acompañenme – digo – Algo saldrá de todo esto.
Al menos la memoria de esta reunión:
una poética declaración de impotencia,
este modesto homenaje al desconcierto.

Schließlich, so sagen sie, will ich sie ja nicht gebrauchen,
wozu sie also dort die Zeit verlieren lassen.
»Unordnung« nutzt die Gelegenheit und
bringt all ihre Lettern durcheinander.
»Wer leitet das Gespräch?« ruft die »Geduld« und unterdrückt
                                    ein langes Gähnen.

»Niemand«, so sage ich. »Ich muß euch eure Freiheit lassen.
Wir haben uns versammelt, um diese Krise zu durchleben,
diesen Jammer. Den Verlust der Namen,
der unnennbaren Stimmungen.
Ich hol euch nur zusammen, um euch hier zu fühlen.
Ich kann das Unerklärliche nicht sagen.

53

»Jetzt sind wir arbeitslos«, so murmeln sie.
Sie rutschen unruhig hin und her und denken an die
                                    langen Mußetage
auf den Bänken irgendeines Parkes.

»Bleibt bei mir«, sage ich. »Etwas wird schon herauskommen dabei.
Zumindest das Protokoll dieser Versammlung:
eine poetische Erklärung der Ohnmacht,
diese bescheidene Huldigung an die Verwirrung.

Puertas abiertas

La lluvia, de pronto,
se desgaja del cielo
en un estruendo de invisibles caballos,
apresurados sobre el zinc.
A lo lejos el relámpago restalla su látigo,
pero dentro de la casa el aire es manso,
el bandoneón de Piazzola se alza sobre el
mugido de la tormenta.
Recuerdo tantas noches de lluvia como ésta;
el olor de la tierra,
la reverberación húmeda,
mi cuerpo esponjándose,
la lluvia dentro de mí,
las sábanas en las noches mojadas y fieras del invierno.

Será la madurez, pienso,
la que me lleva hacia mí misma:
al placer de la absoluta soledad,
el libro recién terminado sobre la mesa,
el perro durmiendo en el sofá,
mi hija Adriana acurrucada arriba en su sueño tranquilo,
y yo como una isla flotando en la medianoche,
dejando que el mar de la lluvia lama mis costas,
que la brisa se descuelgue por la ventana,
y el agua desaforada me encuentre
con las puertas abiertas.

Offene Türen

Der Regen bricht urplötzlich
aus dem Himmel
im Hufgetrappel unsichtbarer Pferde
die übers Zinkdach galoppieren.
Fern knallt der Blitz mit seiner Peitsche
doch hier im Hause ist die Luft sanft,
das Bandoneon von Piazzola erhebt sich
über das Brüllen des Gewittersturms.
Ich erinnere mich an soviele Regennächte wie diese;
der Geruch nach Erde
schwüler Hitze
mein Körper wie ein Schwamm,
der Regen in mir selbst,
die Laken in den nassen, wilden Nächten jeder Regenzeit.

Das muß die Reife sein, denk' ich,
die mich zu mir selber führt:
zum Genuß des völligen Alleinseins,
das eben beendete Buch dort auf dem Tisch,
der Hund, der auf dem Sofa schläft,
meine Tochter Adriana, oben ruhig in ihren Traum gekuschelt,
und ich wie eine Insel, die durch die schwarze Nacht treibt
und laß dabei das Regenmeer an meinen Küsten lecken
den Wind durchs Fenster niederfahren
und das Wasser ganz entfesselt
mich bei offenen Türen finden.

La mujer se encuentra a sí misma

El cuerpo no reclama
caricias.
Se acomoda en la fuente interior.
Las ciudades, los parques,
las avenidas sombreadas del recuerdo
o la imaginación.
Por allá alguien toca una música melancólica,
alborotando el placer de viejos estremecimientos.
La presencia del corazón, los pulmones, el hígado, las piernas
procura una cierta mansa felicidad.
¡Cuántos años para esto!
Cuánto tiempo buscando
lo que estaba tan cerca.

Die Frau findet zu sich selbst

Der Körper braucht
kein Streicheln mehr.
Er ruht in seiner inneren Quelle.
Den Städten, Parks und
schattigen Alleen der Erinnerung
oder der Phantasie.
Dort drüben spielt jemand eine traurige Musik
und wühlt die Lust auf alten Schauerns.
Die Gegenwart des Herzens und der Lunge, der Leber und der Beine
bringt eine gewisse sanfte Zufriedenheit.
Wieviele Jahre bis hierher!
Wie lange Zeit der Suche nach etwas,
das doch so nahe lag.

57

La muerte es un viaje en tren

Hay días en que la muerte viaja en mí
como un largo tren de lujo
con mullidos asientos de terciopelo.

Me acomodo al lado del desconocido que,
aferrado a la vieja rutina de la vida,
lee el periódico,
y me extiende, cortés, una galleta.

Son leves los paisajes por la ventana.
Difusos. Hay neblina.
Me quito los zapatos
y extiendo los brazos.

En la estación, los amigos leales
me despidieron con naturalidad.
Otros alardearon una falsa intimidad
Otros más discutieron en detalle
la ceremonia, el responso, las ofrendas florales.
Ya ninguno de ellos se refleja en la ventana.
No me reflejo yo,
ni el desconocido que continua impasible la lectura.

Entonces
de la caja de sombreros a mi lado
saco las imágenes del dolor
las extiendo sobre el asiento,
se las muestro al acompañante mudo.
Antigua luce ya la desesperación.
La angustia se ha tornado mustia, amarilla,
Hasta siento nostalgia por mis penas,
igual que ante las fotos de la infancia:
La niña. La pelota lejana sobre la playa.

¡Ah! ¡Estos días
en que la muerte viaja en mí
como un largo tren de lujo
con mullidos asientos de terciopelo!

Der Tod ist eine Reise mit dem Zug

Es gibt Tage, da reist der Tod in mir
wie ein langer Sonderzug
mit samtgepolsterten Sitzen.

Ich nehme Platz neben dem Unbekannten, der
alter Angewohnheit nach
die Zeitung liest
und mir sehr höflich einen Keks anbietet.

Leicht ist die Landschaft vor dem Fenster.
Verschwommen. Da ist Nebel.
Ich zieh die Schuhe aus
und streck die Arme.

Im Bahnhof haben treue Freunde
mir ganz normal auf Wiedersehen gesagt.
Andere schützten falsche Vertrautheit vor.
Wieder andere sprachen in allen Einzelheiten
über die Trauerfeier, Totenmesse, Kränze.
Jetzt spiegelt keiner mehr sich mir im Fenster,
noch spiegle ich mich,
noch der Unbekannte, der weiter ungerührt die Zeitung liest.

Da ziehe ich
aus der Hutschachtel an meiner Seite
die Bilder der Erinnerung des Schmerzes
breite sie dort auf den Sitz
und zeige sie dem stummen Weggefährten.
Alt sieht jetzt die Verzweiflung aus.
Die Angst ist welk, vergilbt.
Ich fühle fast ein wenig Nostalgie nach meinen Sorgen
wie beim Betrachten alter Fotos aus der Kindheit:
Das Mädchen. Der Ball, der weit entfernt über den Strand rollt.

Ah! Diese Tage,
da der Tod in mir reist
wie ein langer Sonderzug
mit samtgepolsterten Sitzen.

Nostalgia

Libros de mis soledades.
Páginas que cruzo cual estrella
sin encontrar sosiego
en el negro espacio de las palabras.
¿Será posible que tu cuerpo sustituya el Universo,
que tus testículos, redondos, mercuriales,
surquen la órbita de mis sueños,
proveyendome del único sistema solar
y que tus ojos marquen los agujeros negros
donde toda mi luz desaparezca
atraída por la gravedad de este amor absoluto?
He dejado la Tierra de mis antepasados,
india tras el conquistador, malinche persiguiendo corteses,
soñando con la floración amarilla de árboles sonámbulos,
despertando en pesadillas como Llorona,
apartada de los volcanes
que mis pechos amamantaban tiernamente,
al lado de lagos límpidos
ovalos sutiles que sólo existen ahora
en mi memoria de lánguidas tiendas
donde envejece mi pueblo de tierra y cal,
mientras yo echo canas, echo brazos, echo aullidos sordos,
en los días de cemento y cerezos en esta ciudad
donde no hay gravedad, ni centro, ni nada que me retenga,
sino tus pasos cruzando umbrales en la tarde;
tus pasos y tu corazón bombeando sangre en músculos
                                    con los que me abrazas
y tratas de protegerme de la nostalgia que poco a poco me consume
como un fuego sin luz prendido en mis pulmones.

Heimweh

Bücher meiner Einsamkeiten.
Seiten, die ich, Stern geworden,
ruhelos durchquere
im schwarzen All der Worte.
Ist es denn möglich, daß dein Körper das Universum mir ersetzt,
daß deine Hoden, rund, quecksilbern,
durch meine Träume ihre Bahn zieh'n,
um mir das einzige Sonnensystem zu schaffen,
daß deine Augen schwarze Löcher sind,
in denen all mein Licht verschwindet,
angezogen von der Schwerkraft dieser absoluten Liebe?
Das Land meiner Ahnen habe ich verlassen,
India, die dem Eroberer gefolgt, Malinche auf der Spur
                                        Hernan Cortez'
der auch dem Baum den Namen gab
und träume so von Schlafes Bäumen gelber Blüte,
erwache aus Alpträumen, weinend wie die Weiße Frau
                                        um ihre Kinder
von den Vulkanen fortgebracht
die meine Brüste zärtlich nährten
gleich neben klaren Seen
zartschimmernden Ovalen, die es jetzt nur noch
in meiner Erinnerung von matten Zelten gibt,
wo mein Volk aus Erde und aus Kalk alt wird,
während ich grau werde, die Arme ganz weit ausstrecke, lautlos heule
in den Tagen von Zement und Kirschbäumen in dieser Stadt
wo nichts mich anzieht, keine Mitte ist noch etwas, das mich hält,
nur deine Schritte auf der Schwelle nachmittags;
deine Schritte und dein Herz, das Blut in Muskeln pumpt,
                                        die mich umarmen,
und du versuchst, mich vor dem Heimweh zu bewahren, das mich
                                        nach und nach verzehrt
wie ein Feuer, das ohne Helligkeit in meiner Lunge brennt.

¿Con qué artilugio, sortilegio, encantamiento, retienes
esta piel errante que se desgarra de amor y clama trópico?
¿Con qué leña aromática, qué sales,
que incienso encenderás en el invierno
cuando los árboles se marchen y emigren las hojas
en caravana de oro hacia regiones amables?
¡Ay, amado! ¡Si sólo supieras el estruendo
de mi lomo arqueado de flechas en esta tarde de nostalgia!
¡Si solo supieras las muertes que muero a diario
para posar mi cabeza sobre tu hombro!

Mit welchem Zauber, welcher Hexerei hältst du die Haut zurück,
die hier vor Liebe birst und nach den Tropen schreit?
Mit welch duftendem Scheit, welch aromatischen Salzen?
Welchen Weihrauch entzündest du im Winter
wenn die Bäume fliehen und ihre Blätter
in goldbeladener Karawane in freundlichere Regionen ziehen?
Ach, Geliebter! Hörtest du doch nur das Bersten
meines von den Pfeilen gekrümmten Rückens an diesem Abend
                                    voller Heimweh!
Wüßtest du doch nur, wieviele Tode ich täglich sterbe,
um meinen Kopf an deiner Schulter auszuruhen!

Consuelo para la temporalidad

Somos como las plantas:
Nuestra piel es hoja y nervadura
de pasiones hermosas
que bailan sin cesar.
Somos danza y danzar en el viento
es potestad de nuestras piernas sin raíces.
Todo cambia y nada permanece.
En el otoño, el follaje se desprende amarillo;
llueve oro en el atardecer.
No habría vida sin muerte.
No seríamos cuanto somos
si la conciencia no guardara experiencias ajenas
que misteriosamente se aposentan
en el aire interior cuya esencia desconocemos.
Y, sin embargo, así como Blake dijo:
»La eternidad está enamorada de la fabricación del tiempo«
es inevitable enamorarse de la creación
y sentir el dolor de no ser inmortales.

¡Ven!
Abandona el rencor por lo incomprensible.
Porque la vida se alimenta de la vida,
hemos de arder en la pira funeraria sin perecer.
Cantos y mitos nos sobrevivirán,
como sobrevive el árbol
que talado y yerto me sirve de apoyo
para escribir esta reflexión.

La experiencia de la vida es la pasión de beberla
hasta la embriaguez.
Amar, cantar, decir versos hermosos
y luego
dormir.

Trost für die Vergänglichkeit

Wir sind wie die Pflanzen:
Unsere Haut ist Blatt und Nervennetz
ganz wunderbarer Leidenschaften
die unaufhörlich tanzen.
Wir sind Tanz, und im Wind zu tanzen
ist Eigenschaft unserer Beine ohne Wurzeln.
Alles wandelt sich und nichts besteht.
Im Herbst fällt gelb das Blattwerk;
es regnet Gold im Sonnenuntergang.
Es gäb kein Leben ohne Tod,
wir wären nicht all jenes, was wir sind,
wenn das Bewußtsein nicht fremde Erfahrung aufbewahrte
die sich geheimnisvoll in unserer inneren Luft einnistet
deren Wesen wir nicht kennen.
Und dennoch, wie Blake sagte:
»Die Ewigkeit ist ganz verliebt in das Fabrizieren der Zeit«,
so ist es unvermeidlich, sich in die Schöpfung zu verlieben
und Schmerz darüber zu empfinden, nicht unsterblich zu sein.

Komm!
Gib auf den Zorn über das nicht zu Verstehende.
Weil sich das Leben aus dem Leben nährt
müssen wir, ohne zu sterben, im Feuer der Bestattung brennen.
Gesänge und Mythen werden uns überleben
so wie auch überlebt der Baum
der, abgeholzt und hingestreckt, mir dient,
um mich zu stützen und dies aufzuschreiben.

Die Erfahrung unseres Lebens ist die Leidenschaft,
                                    mit der wir's trinken
bis zur Trunkenheit.
Lieben, singen, schöne Verse sagen
und dann
schlafen.

Del entrenamiento del alma

Como el atleta que, tenazmente,
se prepara para la competencia olímpica,
tensando músculos para el final esfuerzo
y en las madrugadas sale a la pista
a medir la eficacia de las piernas
corriendo cada vez un poco más
tanteando los límites de su resistencia,
así transcurre uno la vida
en el gimnasio de los días puntuales,
afinando músculos cuyo desempeño
no se puede medir en maratones,
ni en el enfebrecido calor de los estadios.

Entrenamos pulmones para los agravios
y ojos abiertos y sin parpadear para los asombros
de la cíclica desilusión.
El rostro no acaba de acostumbrarse al llanto
o a la sorpresa propia al descubrir lo que yace,
agazapado,
en los inescrutables laberintos de la infancia.
Parece interminable el oficio de crecer.
Creemos conocernos,
haber dominado miedos y soledades,
pero hay días en que en el espejo de la mañana
el color de la piel muestra matices abandonados
tonos que dejaran de ser nuestros.

Ejercitamos,
corremos pistas
en amaneceres oscuros.
Pistas íngrimas
donde ningún espectador atestigua
la tensión dolorosa de empujar los bordes
y caer rendido sin alcanzar la meta imaginaria.
Nadie aguarda, ni se alza eufórico en su asiento
cuando logramos el salto mortal.
Está vacía la banca del entrenador.
No se cuenta con el consuelo del coach experimentado y cómplice
en esta calistenia cotidiana
en que nos enfrentamos con el lado opaco de la propia insidia.

Vom Training der Seele

Wie der Athlet, der sich beharrlich
auf olympischen Wettkampf vorbereitet
und für die letzte Mühe Muskeln stählt
und in der Morgenfrühe auf die Bahn geht
um nachzusehen, wie stark die Beine sind
und jedesmal ein wenig länger läuft
und so die Grenzen seiner Kraft erprobt
so geht man durch sein Leben
im Sportzentrum pünktlicher Tage
stählt Muskeln, deren Leistungskraft
sich nicht ermitteln läßt beim Marathon
noch in der fiebrigen Hitze der Stadien.

Wir trainieren Lungen gegen Angriffe von außen
und offne Augen ohne Lidschlag für das Staunen
über immer wiederkehrende Enttäuschung.
Das Antlitz will sich nicht ins Weinen fügen
oder die ganz eigene Überraschung beim Entdecken dessen,
was geduckt
in den nie zu ergründenden Irrgärten unserer Kindheit lauert.
Nicht enden will die Pflicht zu wachsen.
Wir glauben uns zu kennen
und Angst und Einsamkeit besiegt zu haben,
doch gibt es Tage, da im Morgenspiegel
die Farbe unserer Haut Spuren der Achtlosigkeit aufweist
Schattierungen, die nicht die unsren sind.

Wir üben fleißig,
laufen Bahn auf Bahn
in dunkler Morgenfrühe.
Einsame Bahnen
wo kein Zuschauer je sieht
wie sehr es schmerzt, die Grenzen auszuweiten
und aufzugeben, ohne das gesteckte Ziel erreicht zu haben.
Niemand, der wartet, noch sich freudig hebt
wenn wir den Salto Mortale schaffen.
Leer ist die Trainerbank.
Man zählt nicht auf den Trost des technischen Direktors,
                              hilfreich, erfahren,
bei dieser täglichen Gymnastik
bei der wir uns der dunklen Seite unsrer eigenen Tücke stellen.

Sólo nuestra piel da testimonio.
Ella es el límite
de esta valiente, inevitable,
soledad de todos.

Nur unsre Haut legt Zeugnis ab.
Sie ist die Grenze
dieser mutigen, unausweichlichen
Einsamkeit von allen.

Receta de Varón

Parafraseando a Vinicius de Moraes
que nos dejó su »Receta de Mujer«

No importa si no es hermoso.
– la fealdad en el hombre
puede despertar ciertos atávicos instintos femeninos –
pero es esencial que el pecho sea acogedor
y que los brazos ofrezcan la promesa
de abrazos apretados y tiernos.
Vello en el cuerpo o no,
es cuestión de gustos.
Personalmente los prefiero
tapizados,
con espacios de sombras oscuras
suaves al tacto,
y capaces de llenar el olfato
con el olor del día a flor de piel.
La cintura que se defina, por favor;
que no le sobre, ni le falte,
que no acuse el descuido del dueño,
más que en ciertas épocas permisibles
donde unas libritas de más,
son sólo testimonio de amables libaciones.
Las manos son definitivas:
deben saber sostener la cabeza de la mujer
con el celo conque el marinero le escatima al viento
la única lámpara de aceite en medio de la tormenta;
ser ágiles como pájaros o cabras de monte,
capaces de la forja del hierro, la lágrima,
y de esculpir los intrincados artesonados del placer.
Las piernas también son importantes
pero les perdonamos las torceduras,
lo tosco, las imperfecciones,
si al encontrarnos con la boca
vemos una sonrisa en la que poder confiar
y unos ojos que nos aseguren la mañana.
La espalda masculina debe ser extensa
como una pradera por donde puedan pasearse los bufalos
y los heliotropos,
y es fundamental que en las caderas

Männerrezept

In Anspielung auf Vinicius Moraes,
der uns sein »Frauenrezept« hinterließ

Es macht nichts aus, wenn er nicht schön ist
– des Mannes Häßlichkeit vermag
gewisse weibliche Urinstinkte zu wecken –
doch ist es wesentlich, daß die Brust einlädt
und daß die Arme das Versprechen
enger, zärtlicher Umarmung bieten.
Behaarter Körper oder nicht
ist eine Frage des Geschmacks.
Ich persönlich hab sie gern
gepolstert
mit Flächen dunkler Schatten,
die sich weich anfühlen
und den Geruchssinn füllen können
mit dem Tagesduft noch auf der Haut.
Die Taille soll man bitte sehen können
nicht allzuwenig noch zuviel darf an ihr sein
und sie soll nicht Nachlässigkeit des Eigentümers zeigen
außer zu bestimmten zulässigen Zeiten
wenn ein paar kleine Pfunde mehr
nichts weiter sind als Zeugnis angenehmen Lebens.
Die Hände sind dann ganz entscheidend:
Sie müssen den Kopf der Frau zu tragen wissen
mit der vorsichtigen Sorge des Seemanns, der im Sturm
die einzige Lampe vor dem Wind schützt;
sie müssen flink sein wie die Vögel oder Gemsen,
fähig, Eisen zu schmieden, eine Träne,
die filigranen Kunstwerke der Lust zu meißeln.
Auch die Beine sind sehr wichtig,
doch wir verzeihen ihnen, daß sie krumm sind,
plump, unvollkommen,
wenn wir beim Treffen auf den Mund
ein Lächeln finden, das vertrauen läßt
und ein paar Augen, die den Morgen sichern.
Der Männerrücken muß sich dehnen
wie die Prairie, auf der die Büffel ziehen
und Heliotrope wachsen,
und es ist grundlegend, daß an den Hüften

se alcen dos colinas
inequívocas, sólidas,
que se nos queden prendidas a la memoria
cuando el hombre se vuelva para marcharse,
alejándose en la noche.
La voz que resuene con vibraciones de bajo
pero que sepa modular
la tensa y dulce melancolía del acordeón,
lamentando el fin de la luna en la ventana.
El hombre, al fin,
ese mítico animal
que reinventa siglo tras siglo
las quimeras que pueblan las obsesiones femeninas,
habrá de conservar,
– perdida la absoluta hegemonía –
todas aquellas cosas
galantes, fuertes, acogedoras,
que, a pesar de todos los pesares,
lo mantienen sólidamente anclado,
en el profundo, incansable mar,
de las hembras.

zwei Hügel sich erheben,
unzweifelhaft und fest,
die uns gut im Gedächtnis bleiben
wenn sich der Mann zum Gehen wendet
und in der Nacht verschwindet.
Die Stimme soll dröhnen wie ein Baß
doch soll die gespannte, süße Melancholie zu modulieren wissen,
mit dem ein Akkordeon das Schwinden des Mondes
                                        im Fenster beweint.
Und endlich soll der Mann,
dies mythische Tier
das Jahrhunderte hindurch die Phantasien neu erfindet,
die weibliche Besessenheit bevölkern,
– nach dem Ende seiner absoluten Macht –
all jene Dinge beibehalten:
galante, kräftige, beschützende,
die ihn trotzdem und alledem
ganz fest verankert halten
im unermüdlich tiefen Meer
der Frauen.

Del otoño y sus miedos

Temo el rumbo que me están anunciando
las palabras que se arremolinan bajo la puerta.
Los chasquidos de las hojas secas,
suben con sonido de lástima desde el Valle Ticomo,
a zarandear ventanas por donde asoman
nuevos verbos temibles.

Melissa ya no se escucha en el cuarto de al lado
El cuarto está vacío y ella anda por su vida.
Hoja arrancada del árbol.
Hija que ya se hizo mujer.
Maryam salió hace tiempo. Su cuarto también está vacío.
Poco falta ahora para que también se marche Camilo,
para que, en aulas lejanas,
lo acompañe el sonido de otras hojas arremolinándose en
cunetas extrañas, en otoños desconocidos.
Crecen los hijos. Se marchan. Y así debe crecer la poesía.
Así deben crecer las palabras, los verbos que acomodan
el pase de la vida.
Todos los días me levanto,
con un sentido de perdida que niego,
del que huyo, del que no quiero hablar.
Me desvivo buscando un diccionario de palabras amables.
Rezo para que no me sea dado conocer
el terror de las hojas secas,
el viento del otoño amarillando
el verdor.

¿Cómo podré reconocerme en las palabras de adiós?
¿En el tiempo que empieza a pasearse amenazante bajo la ventana
irguiendo su poder sobre el de la vida
que yo consideraba invencible?

Hoy el espejo me entregó un pliegue sobre los labios.
Una fractura en el rostro, el comienzo del caos, la entropía,
la expansión del Universo.

Vom Herbst und seinen Ängsten

Ich fürchte den Weg, den mir die Worte zeigen,
die unter meiner Tür zusammenwehen.
Das Rascheln dürrer Blätter
steigt wie bedauernd aus dem Ticomotal
und rüttelt an den Fenstern, durch die
neue, schreckliche Worte lugen.

Melissa höre ich nicht mehr nebenan.
Das Zimmer ist leer, und sie geht durch ihr Leben.
Vom Baum gerissenes Blatt.
Frau gewordene Tochter.
Maryam ist schon lange fort. Auch ihr Zimmer steht leer.
Viel fehlt nicht mehr, dann geht Camilo auch,
damit in Hörsälen weit fort
das Rascheln anderer Blätter ihn begleitet,
die in fremden Rinnsteinen, in unbekannten Herbsten wehen.
Die Kinder wachsen. Gehen fort. Und so muß auch
                            die Dichtung wachsen.
So müssen die Worte wachsen, die Worte, die
den Gang des Lebens ordnen.
Jeden Tag stehe ich auf
und spür einen Verlust, den ich nicht eingesteh,
vor dem ich flieh, von dem ich garnicht reden will.
Ich verzehre mich auf der Suche nach einem Wörterbuch
                            freundlicher Worte.
Ich bete flehentlich verschont zu werden
vom Schrecken knistertrockner Blätter,
dem Herbstwind, der das Grün
gelb färbt.

Wie werd ich mich erkennen können in den Abschiedsworten?
In der Zeit, die nun schon drohend unterm Fenster
                            auf- und abgeht
und ihre Macht über das Leben hebt
das ich für unbesiegbar hielt?

Heut gab der Spiegel mir eine Falte über den Lippen.
Einen Riß im Gesicht, den Beginn des Chaos, der Entropie,
die Ausdehnung des Universums.

El fin se anuncia,
cuando aún no he acuñado las palabras para entenderlo.
Me he negado a escribir la soledad de mi descubrimiento.
Cómo escribir esto?
Cómo darle voz a este miedo?
Cómo reconocerlo
cuando todos lo niegan?
No es aceptable tenerle miedo a la madurez,
al deterioro. No. Hay que pretender que no pasa nada.
Salirle orgullosa al paso. Todavía estás jóven y guapa. Todavía.
Y pretender que no existen las hojas secas
que se arremolinan en el viento que sube desde el Valle Ticomo.
Pretender que no me da miedo, ni me hace llorar,
el sonido solo de mi casa sola.
Los cuartos de mis hijos despojados de los juguetes.
Ya crecieron los muchachos.
Sólo yo pretendo que no ha pasado nada.
Le huyo a los verbos,
al pasado pluscuamperfecto,
a las conjugaciones que me obligarían a decir
versos quejumbrosos
hojas de otoño
que me persiguen
arremolinándose,
crujiendo implacables
bajo las puertas.

Das Ende meldet sich
während ich noch nicht die Worte geprägt hab, um es zu verstehen.
Ich habe mich geweigert, die Einsamkeit meiner Entdeckung
                                        zu schreiben.
Wie dies beschreiben?
Wie Stimme geben dieser Angst?
Wie ihr ins Gesicht sehen, wo alle Welt sie leugnet?
Es ist nicht annehmbar, Angst vor der Reife zu haben,
vor dem Verfall. Nein. Man muß so tun, als sei nichts weiter.
Stolz drüber weggehen. Noch bist du jung und hübsch.
                                        Noch bist du es.
Und so tun, als gäb es nicht die trocknen Blätter
die mir der Wind zusammenweht, wenn er
                        vom Ticomotal heraufkommt.
So tun, als machte er mir keine Angst und keine Tränen
das einsame Geräusch meines einsamen Hauses.
Die Kinder sind erwachsen.
Nur ich tu so, als wär nichts weiter.
Ich fliehe vor den Worten,
vollendeter Vergangenheit,
Konjugationen, die mich zwingen könnten
ein Klagelied zu singen,
Herbstblätter,
die mir folgen
und zusammenwehen
und unerbittlich rascheln
unter der Tür.

Profundo Amor

a Carlos

Profundo amor
nacido contra el viento,
quilla enrrumbada contra la marea.
Tu voz hermosa escuché en la niebla,
centellas lanzaste llamándome a puerto.
Barcos destinados a muelles lejanos
rompimos bitácoras, mapas, lo dispuesto.
Nos amotinamos, elevamos anclas
zarpamos a mares de lienzos y tacto.
Los monstruos feroces no nos devoraron.
Marineros diestros surcamos estrechos
tormentas tifones olas gigantescas.
La bahía quieta por fin avistamos
la luna, el silencio, nuestra recompensa.
Saltamos a tierra,
dejamos los mares.
Construímos casa íntimo aposento,
remontamos días, apagamos llamas.

Profundo amor de tiempo enamorado.
Compañero del agua, de ternuras sin nombre,
Capitán de mis sueños
de mis piernas al alba.

Innige Liebe

für Carlos

Innige Liebe
gegen den Wind geboren
den Kiel gegen die Flut gewandt.
Deine herrliche Stimme hörte ich im Nebel.
Du branntest Feuerwerke ab, riefst mich in deinen Hafen.
Schiffe, fernen Molen bestimmt,
zerbrachen wir Sextanten, zerrissen Karten, alle Pläne.
Wir meuterten, lichteten die Anker
und stachen in die See aus Leinenlaken und Gefühl.
Die Meerungeheuer verschlangen uns nicht.
Geschickte Seefahrer, durchquerten wir Meerengen,
Gewitterstürme, Taifune, haushohe Wellen.
In ruhiger Bucht sahen wir endlich
den Mond, die Stille, unseren Lohn.
Da sprangen wir an Land
und ließen hinter uns die See.
Bauten ein Haus, behaglich Zimmer,
erklommen Tage, löschten die Flammen.

Innige Liebe aus verliebter Zeit.
Gefährte des Wassers und namenloser Zärtlichkeit.
Kapitän meiner Träume,
meiner Schenkel im Morgen.

Lazos

para Adriana, mi hija

¿Cómo puede alguien
que apenas sabe pronunciar
unas cuantas palabras
arar un camino tan hondo
y entrar a saco
por cuanta ranura hay abierta
en mi invisible palpitante centro?

A diario, niña,
acumulo tu amor
como avaro guardando
expectantes tesoros.
Tu cuerpo menudo y caliente
entre mis brazos
me lleva tan cerca de la felicidad
que, temiendo semejante abundancia,
te susurro mi dicha como un largo secreto clandestino.

No sé por qué
en las noches cuando te sostengo
hasta que cerrás las alas
resignándote a la oscuridad y el sueño,
siento que, contrario a las apariencias,
me tiraste una cuerda de plata en un naufragio
y es mi cordón umbilical
el que ahora descansa en tus pequeñas manos,
como si, hija mía, fuera yo también hija de
esos profundos ojos
que un día sabiamente
soltaron hacia mí
sus relucientes anclas.

Hija de mi esperanza,
diminuta mujer
sobreviviente,
no sé qué hay en vos
que cierra y da sentido
a los círculos misteriosos de mi vida,

Bande

für Adriana, meine Tochter

Wie kann jemand
die kaum ein paar Worte
zu sprechen weiß
einen so tiefen Weg furchen
und so entschlossen
durch jeden offenen Spalt eindringen
den es in meiner unsichtbaren klopfenden Mitte gibt?

Täglich, mein Kind,
mehre ich deine Liebe
wie ein Geizkragen, der
vielversprechende Schätze häuft.
Dein kleiner, warmer Körper
in meinen Armen
bringt mich dem Glück so nah,
daß ich, aus Angst vor soviel Überfluß,
dir meine Freude flüstere wie ein langes, großes Geheimnis.

Ich weiß nicht, wie,
doch an den Abenden, wenn ich dich wiege,
bis du die Flügel schließt
und dich der Dunkelheit, dem Schlaf ergibst,
da spüre ich, daß gegen allen Anschein
du mir das Silberseil zuwarfst im Untergang
und es ist meine Nabelschnur,
die jetzt in deinen Händen ruht,
als ob, mein Töchterchen, auch ich
die Tochter dieser tiefen Augen wär,
die eines Tages weise
blitzende Anker lichteten
hin zu mir.

Tochter meiner Hoffnung
winzige Frau,
Überlebende,
ich weiß nicht, was in dir ist,
das die geheimnisvollen Kreise meines Lebens
schließt und ihnen Sinn gibt,

sólo sé que cuando la flecha de la tuya
giraba buscando espacio en el espacio,
agua y sed se encontraron
y ahora henos aquí
madre y pequeña niña
apretadas, envueltas, enlazadas,
como si jamás hubiésemos existido
apartadas la una de la otra.

ich weiß nur, als der Pfeil des deinen
kreisend Raum suchte im Raum,
sich Durst und Wasser fanden
und nun sind wir zwei hier
Mutter und kleines Mädchen,
ganz eng geschmiegt, gehüllt, umschlungen
als hätte es uns nie und nimmer
getrennt gegeben voneinander.

Reclamos al Creador

¿Cuánto tiempo
después de la luz?
¿Cuánto tiempo después del cielo y la tierra?
¿Cuánto tiempo después de todo cuánto pudo existir
existió la conciencia?
¿Te la sacaste de pronto de la manga
como asombroso prestidigitador?
¿Miraste cuánto habías creado
y en la ronda errante tus ojos se posaron sobre nosotros
y decidiste experimentar?
¿Así me supe yo?
¿Así te intuí sin nunca poder tener la certeza?
¿Así supe que tendría fin
puesto que había tenido principio?

Pudo haber sido en el bus del colegio,
o en el automóvil yendo con mi madre o mi padre,
– Viajaba en un vehículo. Lo recuerdo claramente –
cuando, no sé por qué, empecé a pensar
que el hecho de ser yo era irreversible.
No. No me podía cambiar por Berta o Carmen.
No podía vivir en sus vidas, tener sus padres,
vivir en sus casas.
Yo era un ente particular. Y nadie podía vivir en mi vida;
sentir por mí, intercambiarse conmigo.
Yo existía sola dentro de mi uniforme de colegio,
dentro de mis rodillas con cascarones.
Llegué a mi cuarto y me acosté en la cama
con la cabeza colgando
        – me gustaba imaginar el mundo patas arriba,
        un mundo al revés donde la boca estaba en la frente
        y los ojos a la altura de la boca:
        Mi padre al revés.
        Mi madre al revés.
        La habitación al revés.
Y yo, sola, sobre la cama,
habitando un cuerpo mío para siempre;
un cuerpo y una mente que no podía sustituir
y donde nadie más que yo podía habitar.

Klagen an den Schöpfer

Wie lange
nach dem Licht?
Wie lange nach dem Himmel und der Erde?
Wie lange Zeit nach allem, was dasein konnte,
war das Bewußtsein da?
Zogst du es plötzlich aus dem Ärmel
wie ein geschickter Taschenspieler?
Besahest du dir alles, was du geschaffen hattest,
und der schweifende Blick blieb auf uns hängen,
und du beschlossest zu experimentieren?
So erkannte ich mich etwa selbst?
So ahnte ich dich, ohne je gewiß zu sein?
Erfuhr, daß ich ein Ende haben würde
weil ich einst einen Anfang hatte?

Im Schulbus mochte es gewesen sein,
oder im Auto, unterwegs mit Mutter oder Vater
– ich fuhr in einem Fahrzeug, das weiß ich noch genau –
als ich, ich weiß nicht mehr, warum, auf einmal daran dachte,
daß ich unweigerlich ich selbst war.
Nein. Ich konnte nicht mit Berta oder Carmen tauschen.
Nicht ihre Leben leben, ihre Eltern haben,
in ihren Häusern wohnen.
Ich war ein Einzelwesen. Und niemand konnte in meinem
                                                    Leben leben;
meine Gefühle haben, sich gegen mich eintauschen.
Ich war allein in meiner Schuluniform,
in meinen aufgeschürften Knien.
Ich ging in mein Zimmer und legte mich aufs Bett,
den Kopf nach unten baumelnd
    – ich stellte mir die Welt gern auf dem Kopfe vor,
    eine verkehrte Welt, wo der Mund auf meiner Stirn war
    und die Augen auf der Höhe meines Mundes:
    Der Vater umgekehrt.
    Die Mutter umgekehrt.
    Das Zimmer umgekehrt.
Und ich, allein auf meinem Bett,
die ich auf alle Zeit in meinem Körper wohnte,
ein Körper und ein Geist, die ich nicht tauschen
und niemand außer mir bewohnen konnte.

Para mí fue el ser y después la conciencia.
El colegio de La Asunción, el bus,
ser una colegiala,
la segunda en la lista elaborada en órden alfabético.
La primera era mi amiga Marisa Alvarez.
Mi amiga aparte de mí. Su vida, otra. Otros sus padres. Otra su casa.

Por primera vez me dí cuenta
que estaba sola; mi mente confinada a un solo cuerpo.
Mi mente sabiendose sola.

Los científicos te buscan.
Te buscan los telescopios danzando minúsculos entre los astros.
¿Dónde estás? Dónde estás vos, el Origen?
¿Desde donde salen las ondas de radio
que guardan el eco distante del primer momento?
¿Quién nos puede informar? Cómo nos informamos?
Fue como si en un viaje
nos abandonaras en un asteroide azul
y te olvidaras de dejarnos la bitácora
las cartas de navegación
el nombre del lugar de destino.
Sí, decimos, planeta hermoso es, sin duda, esta Tierra
pero después, qué hay después de la Tierra?

¿Hacia dónde conduce la muerte?
¿Por qué darnos conciencia de la incertidumbre?
¿Por qué la habilidad para conocernos finitos
y rebelarnos?
Podrías, cuando nos creaste, haber incorporado la aceptación;
        – un mecanismo sutil en el ADN –
que nos hiciera la muerte menos incomprensible,
que nos relevara del misterio y la angustia.
No esta simple conciencia de saber que nada sabemos.

Y todavía nos atrevemos a creernos
hechos a tu imagen y semejanza.
Los hijos ignorantes, ciegos, del Omnisciente.

Für mich war es das Sein und dann erst das Bewußtsein.
Das »Asunción«-Gymnasium und der Bus,
das Dasein einer Schülerin,
die zweite in der alphabetisch aufgestellten Liste.
Die erste meine Freundin Marisa Alvarez.
Meine Freundin ganz von mir verschieden.
Ihr Leben ein ganz anderes. Andre die Eltern, anders ihr Haus.

Zum ersten Mal wurde mir klar,
daß ich allein war; mein Geist in einen einzigen Körper eingesperrt.
Mein Geist, der sich allein wußte.

Die Wissenschaftler suchen dich.
Es suchen dich die Teleskope, die winzig zwischen Sternen tanzen.
Wo bist du nur? Wo bist du denn, du Ursprung?
Von wo kommen die Radiowellen,
die das entfernte Echo des ersten Augenblicks bewahren?
Wer kann uns informieren? Wie wir uns informieren?
Es war, als hättest du auf einer Reise
uns abgesetzt auf einem blauen Asteroiden
und nicht daran gedacht, uns den Sextanten dazulassen
die Orientierungskarten
den Namen des Bestimmungsortes.
Ja, sagen wir, ein herrlicher Planet ist, zweifellos, die Erde,
aber danach, was kommt nach dieser Erde?

Wohin führt uns der Tod?
Warum uns ein Bewußtsein geben von unsrer Ungewißheit?
Weshalb die Fähigkeit, uns als endlich zu erkennen
und uns dagegen aufzulehnen?
Du hättest, als du uns erschufst, auch die Annahme einbauen können
    – einen subtilen Mechanismus in der DNS –
die uns den Tod weniger unverständlich machte,
die uns von dem Geheimnis und der Angst befreit.
Nicht einfach nur dieses Bewußtsein, zu wissen, daß wir
                                        garnichts wissen.

Und dabei wagen wir es noch zu meinen
nach deinem Bild gemacht zu sein.
Wir dummen, blinden Kinder des Allwissenden.

Poema del Encuentro

En el silencio interior,
la felicidad enciende lámparas en el pasadizo de las tardes.
Reposo como la reina de Discos del Tarot
que con su alto sombrero medieval
se reclina de espaldas mirando el oásis
y contempla sin orgullo o modestia
los frutos de sus largos y numerosos trabajos,
sabiendo que no hay triunfo eterno,
pero tampoco eterna desolación.

Allí están las fuentes
donde el agua oficia las fluídas ceremonias de la vida.
Puedo ver el árbol solo en la distancia,
pero también el bosque umbroso
donde retozan los unicornios.
Después de soledades y sin sentidos
gozo jardines de helechos sensuales
y un lecho blando y terso
donde los sueños se multiplican.
Abro mi casa de ventanas redondas
y escucho la íntima historia de batallas, triunfos y derrotas
– mieles y hieles de esta efímera experiencia que es la vida –
Recuerdo entonces cómo desesperé
– aún hoy a veces olvido lo aprendido –
insomne noche tras noche,
atónita ante el tiempo,
el principio, el fin,
las razones de este pasaje grávido,
la amenaza de la futilidad.
Acumulé libros y mapas para encontrar la voz,
la historia de los astros,
la verdad de los mitos,
la obsesión de Icaro.
Preferí las alas
a la mordacidad o la conveniencia.
Angeles y monstruos me mostraron
sus caras igualmente fascinantes.
Me fue dado saber que nadie más que yo

Begegnungsgedicht

In der Stille meines Innern
entzündet die Glückseligkeit Lichter im Korridor des Nachmittags.
Ich ruhe wie die Herrscherin in dem Tarot
mit ihrem hohen mittelalterlichen Hut
die sich zurücklehnt, zur Oase sieht
und ohne Stolz noch falsche Scham
die Frucht langer, zahlreicher Müh' betrachtet
und weiß, daß kein Sieg ewig währt,
doch ewig auch kein Jammer ist.

Dort sind die Quellen
wo das Wasser fließende Zeremonien des Lebens feiert.
Ich kann den Baum nur aus der Ferne sehen,
doch auch den schattenspendenden Wald
wo spielend Einhörner tollen.
Nach Einsamkeiten, Zeiten ohne Sinn
genieß' ich Gärten voll sinnlicher Farne
und ein weiches, glattes Lager
wo die Träume sich vermehren.
Ich öffne mein Haus mit runden Fenstern
und höre die vetrauliche Geschichte von Schlachten, Siegen,
                                          Niederlagen
– Süße und Salz der flüchtigen Erfahrung, die wir Leben nennen.
Da denke ich daran, wie ich verzweifelte
– noch heut' vergeß' ich manchmal das Gelernte –
und schlaflos Nacht auf Nacht verbrachte
sprachlos im Angesicht der Zeit
dem Anfang und dem Ende,
den Gründen so beladener Überfahrt,
drohenden Scheiterns.
Bücher und Karten häufte ich als ich die Stimme suchte,
Geschichte der Sterne,
die Wahrheit der Legenden,
Besessenheit des Ikarus.
Die Flügel zog ich vor
der Bissigkeit oder Bequemlichkeit.
Engel und Ungeheuer zeigten mir
ihre gleich faszinierenden Gesichter.
Zu wissen wurde mir gegeben, daß nur ich

podía penetrar las antesalas húmedas de la propia conciencia
y ascender antes de la asfixia con la rama verde,
el sabor de la clorofila en el paladar.
Tanto anduve para encontrarme
no más que conmigo misma,
con el Universo reflejado en mis facciones
de premeditada imperfección.
Supe al fin que el aire de las euforias secretas
vive asomado a mi propio rostro,
tiene el calor de mi plexo solar.

La esencia de ser es multitudinaria
y en su multiplicidad
contiene mi nombre.

in die feuchten Vorhallen des eigenen Bewußtseins dringen durfte
um vor dem Ersticken wieder aufzutauchen mit dem grünen Zweig,
den Chlorophyllgeschmack noch auf dem Gaumen.
Soviel bin ich gereist, um mich zu finden
nur mich allein,
das Universum im Spiegel meiner Züge
geplanter Unvollkommenheit.
Schließlich erfuhr ich, daß die Miene heimlicher Euphorie
meinem eigenen Gesicht gehört
die Wärme meines Sonnengeflechtes hält.

Das Wesen des Seins ist vielgestaltig
und so in seiner Vielfalt
enthält es meinen Namen.

Nieve y Fuego con T.S. Eliot

> *»There is only the fight to recover what has been lost
> and found and lost again and again: and now, under
> conditions
> that seem unpropitious. But perhaps neither gain nor loss.
> For us there is only the trying. The rest is not our business.«*
> *T.S. Eliot*

No sé cuántos años hace
que te leí a medianoche
a través de un walkie-talkie
los versos de los Cuatro Cuartetos de Eliot.
Estabas afuera
sentado sobre la nieve de la colina.
Mis ojos recorrían la página
deteniéndose en lo que revelaba algo
que vos o yo alguna vez hubiéramos pensado o querido pensar.
Algo que el poeta
pescando con su pluma en las aguas profundas del alma
sacara como un pez de colas y agallas blanquinegras
y blandiera sencillamente, sin aspavientos,
antes de volver a tirarlo a la noche,
al mar en silencio del libro cerrado.
Sobre la nieve, vos mirabas el paisaje helado de Virginia.
Las colinas.
Los caballos pastando,
reflejados en la blancura
como unicornios,
sus sombras confundidas con las ramas de los abetos
en el límite del bosque.
Sobre la cama,
al lado del fuego, la chimenea encendida,
la madera crepitando su transmutación en ceniza,
yo te susurraba versos.
Nunca, estando separados, estuvimos tan cerca.
Las palabras que, tan a menudo, nos golpean y desunen,
nos enhebraron esa noche.
Nuestras almas dos idénticas formas
se acoplaron, adhiriéndose sin esfuerzo,
apoyándose cálidas y dulces la una en la otra.

Schnee und Feuer mit T. S. Eliot

>> *There is only the fight to recover what has been lost
and found and lost again and again: and now, under
conditions
that seem unpropitious. But perhaps neither gain nor loss.
For us there is only the trying. The rest is not our business.* «
                                                                T. S. Eliot

Wieviele Jahre ist es her? – ich weiß es nicht –
da las ich dir um Mitternacht
durchs Funkgerät
die Verse der »Four Quartets« von Eliot vor.
Du warst draußen
saßest im Schnee auf einem Hügel.
Meine Augen schweiften über Seiten
und hielten da, wo etwas stand,
was du und ich einmal gedacht hatten oder denken wollten.
Etwas, das der Dichter
beim Fischen mit der Feder in den tiefen Wassern unsrer Seele
herausgeholt wie einen Fisch mit schwarzweißem Schwanz
                                                und Kiemen
und einfach, ohne Federlesen, vorzeigt
um ihn dann wieder in die Nacht zu werfen
ins stille Meer des zugeschlagnen Buches.
Von deinem Platz im Schnee sahst du die Eislandschaft Virginias.
Die Hügel.
Grasende Pferde
wie Einhörner sich spiegelnd
in all der Weiße
die Schatten unscharf zwischen Tannenzweigen
am Rand des Waldes.
Vom Bett aus
neben dem Feuer, dem brennenden Kamin,
in dem das Holz seine Verwandlung in Asche knisterte
flüsterte ich dir Verse.
Nie waren wir getrennt uns näher.
Die Worte, die uns oft verletzen und entzweien
verwoben uns in dieser Nacht.
Unsere Seelen zwei identisch gleiche Formen,
die sich zusammenfanden, sich mühelos verbanden,
warm und süß einander trugen.

Pasan los años, pasa el viento entre las puntadas
conque, desde que nos empezamos a querer,
hemos querido unir nuestros corazones.
Las formas se contraen o expanden.
La vida de cada quien rompe una puntada aquí
otra allá.
A veces sólo queda entre nosotros el hilo leve y débil
conque la sombra de una rama
parece quedar apenas suspendida del árbol
según el capricho de la luz de la luna.
La distancia nos angustia.
Las palabras filosas nos hieren.

Porque nos amamos,
recogemos la noche que pugna por apartarnos.
Nos refugiamos en recuerdos amables.
La luz de la luna sobre la colina nevada.
Vos diciéndome que siga leyendo.
Eliot dictando los versos. La nieve.
El calor del fuego en la chimenea.
El retorno de tu cuerpo frío, tu rostro enrojecido
hundido en mis manos.
La poesía continua enunciando la absoluta verdad:

      – El valor de la intención.
      La lucha por recuperar lo que se ha perdido
      lo que se perderé una y otra vez,.
      sin que, tal vez, se pierda o se gane.
      La voluntad es lo que cuenta.
      Lo demás no es asunto nuestro –

Die Zeit vergeht, es geht der Wind durch jene Naht
mit der wir, seit wir begannen, uns zu lieben
versuchten, unsere Herzen zu vereinen.
Die Formen ziehn sich zusammen, dehnen sich aus.
Das Leben eines jeden zerreißt hier einen Stich
dort einen anderen.
Manchmal bleibt zwischen uns nur noch der leichte, dünne Faden
mit dem der Schatten eines Zweigs
kaum noch am Baum zu kleben scheint
je nach des Mondscheins Laune.
Die Entfernung macht uns Angst.
Scharfe Worte verletzen uns.
Weil wir uns lieben
nehmen wir die Nacht weg, die uns trennen will.
Schutz suchen wir in freundlicher Erinnerung.
Das Mondlicht auf dem schneebedeckten Hügel.
Du, wie du mir sagst, ich solle weiterlesen.
Eliot, der sein Gedicht diktiert. Der Schnee.
Das warme Feuer im Kamin.
Die Rückkehr deines kalten Körpers, deines geröteten Gesichts,
das sich in meine Hände senkt.
Die Dichtung sagt auch jetzt die absolute Wahrheit:
        – Der Wert der Absicht.
        Der Kampf um das, was man verlor,
        was wieder und wieder verloren gehen wird,
        ohne daß man vielleicht gewinnt oder verliert.
        Der Wille ist, was zählt.
        Alles andere hängt nicht von uns ab. –

Insomnio con palabras

De noche las palabras
caminan en puntillas,
andan discretas entre los objetos,
temerosas del ruido se descalzan.
Sobre mis hombros insomnes aletean.
El poema me saca de la cama.
Tanto silencio en la casa dormida.
El ruido de mis manos me ensordece.
Toco las letras. Acaricio el teclado
para que diga callado sus urgencias.
No sale nada. Es el silencio que habla.
Y las sombras afuera,
golpeando en la ventana.

Schlaflosigkeit mit Worten

Nachts gehen die Worte
auf Zehenspitzen
bewegen sich behutsam zwischen Dingen
ziehn sich aus Angst vor Lärm die Schuhe aus.
Über meine schlaflosen Schultern flattern sie.
Das Gedicht holt mich aus meinem Bett.
So groß die Stille im schlafenden Haus.
Der Lärm der Hände macht mich taub.
Ich berühr Buchstaben. Streichle die Tasten,
damit sie leise ihre Nöte nennen.
Nichts kommt hervor. Es ist die Stille, die da spricht.
Und draußen die Schatten,
die am Fenster rütteln.

Declaración Narcicista

Como a mis veinte años,
    otra vez
a los cuarenta y tantos,
el sentimiento de poder.

Desde mis entrañas
floraciones de colores intensos
se alzan y reverdecen.

Veo el mundo
desde una cima donde el aire es liviano
y donde bacantes
entonan cantos
a los placeres exquisitos de la carne.

Diosas magníficas y sabias
me muestran el erotismo
que existe más allá de la piel,
en la plenitud de la vida.

Con el pasado a mis pies,
león manso y domesticado.
Con el futuro abierto,
al otro lado,
desafío vientos y tempestades.

Hay suficiente temple en mis largos dedos
para tomar las bridas de rebeldes corceles
o irme flotando con los unicornios,
a recorrer las noches de luna.

Soy magnífica
Templo enhiesto de mis elementos
altar de aire, de fuego,
mujer de agua y de tierra.

Narzistische Erklärung

Wie mit zwanzig
	noch einmal
mit über vierzig
das Gefühl der Macht.

Aus meinem Leibesinneren
erblühen heftig Farben
erheben sich und grünen wieder.

Ich seh die Welt
von einer Höhe, wo die Luft leicht ist
und wo Bachantinnen
Gesänge auf die wunderbare Lust
des Fleisches singen.

Herrliche und weise Göttinnen
zeigen mir die Erotik
die jenseits der Haut liegt
in der Fülle dieses Lebens.

Mit der Vergangenheit zu meinen Füßen
wie eine gezähmte, sanfte Löwin.
Mit der Zukunft offen
hin zur andren Seite
so trotz ich Wind und Wetterstürmen.

Ich hab genügend Kraft in meinen langen Fingern
um wilder Hengste Zügel aufzunehmen
oder mit den Einhörnern zu schweben
durch Nächte voller Mondenschein.

Herrlich bin ich,
emporstrebender Tempel meiner Elemente,
Altar aus Luft und Feuer,
Frau aus Wasser und aus Erde.

Máxima

a Sofía Montenegro

En verdad en verdad les digo:
No hay nada más poderoso en el mundo
que una mujer.

Por eso nos persiguen.

Maxime

für Sofia Montenegro

Wahrlich, wahrlich, ich sage euch:
Es gibt nichts Mächtigeres auf dieser Welt
als eine Frau.

Deshalb verfolgt man uns.

Menopausia

No la conozco
pero, hasta ahora,
las mujeres del mundo la han sobrevivido.
Sería por estoicismo
o porque nadie les concediera entonces
el derecho a quejarse
que nuestras abuelas
llegaron a la vejez
mustias de cuerpo
pero fuertes de alma.
En cambio ahora
se escriben tratados
y, desde los treinta,
empieza el sufrimiento,
el presentimiento de la catástrofe.

El cuerpo es mucho más que las hormonas.
Menopáusica o no,
una mujer sigue siendo una mujer;
mucho más que una fábrica de humores
o de óvulos.
Perder la regla no es perder la medida,
ni las facultades;
no es para meterse cual caracol
en una concha
y echarse a morir.
Si hay depresión,
no será nada nuevo;
cada sangre menstrual ha traído sus lágrimas
y su dosis irracional de rabia.
No hay pues ninguna razón
para sentirse devaluada.
Tirá los tampones,
las toallas sanitarias.
Hacé una hoguera con ellas en el patio de tu casa.
Desnudate.
Bailá la danza ritual de la madurez.
Y sobreviví
como sobreviviremos todas.

Wechseljahre

Ich kenne sie nicht
doch haben bis jetzt
alle Frauen der Welt sie überlebt.
Mit stoischer Ruhe
oder weil sie kein Recht hatten
sich zu beklagen
erreichten unsere Großmütter
das Alter
mit welken Körpern
aber starken Seelen.
Heute dagegen
gibt es Bücher zum Thema
und ab dreißig
beginnt die Qual
die Vorahnung der Katastrophe.

Ein Körper ist viel mehr als seine Hormone.
In den Wechseljahren oder nicht
eine Frau bleibt immer eine Frau
viel mehr als eine Fabrik von Säften und Eizellen.
Die Regel verlieren heißt nicht, die Vernunft verlieren
noch die Fähigkeiten.
Kein Grund, sich wie die Schnecke
ins Haus zu verkriechen
in Erwartung des Todes.
Kommt Traurigkeit auf
so ist das nichts Neues;
auch die Monatsblutung brachte Tränen
und ihr Maß irrationalen Ärger.
Kein Grund also,
sich abgewertet zu fühlen.
Wirf die Tampons und die Binden weg.
Entzünde ein Feuer mit ihnen im Garten.
Entkleide dich.
Tanze den Ritualtanz der Reife.
Und überlebe
wie wir alle überleben werden.

Verdades estadísticas

Digámoslo de una vez.
Las mujeres vivimos más que los hombres.
Las estadísticas no engañan.
La razón por la que es más usual
ver mujeres jóvenes
con hombres maduros
es la innata sabiduría del género femenino
que sabe ver la belleza
por debajo de la piel.

Los hombres jóvenes,
que hicieran uso de esa misma sabiduría
tendrían las de ganar.

Ciertamente se quedarían viudos mas tarde.

Statistische Wahrheit

Sagen wir es ein- für allemal:
Wir Frauen leben länger als die Männer.
Die Zahlen lügen nicht.
Der Grund, weshalb man öfter
junge Frauen
mit reifen Männern sieht
ist angeborne Weisheit weiblichen Geschlechts,
das es versteht,
Schönheit unterhalb der Haut zu sehen.

Die jungen Männer
die die gleiche Weisheit nutzten
könnten dabei nur gewinnen.

Auch wenn sie später Witwer würden.

Cuartos separados

Respondeme la siguiente pregunta:
¿Termina el erotismo con el matrimonio?
La mujer y el hombre que, día a día,
reciben juntos la mañana,
que, de pie, lado a lado, se cepillan los dientes
que, igual como si estuvieran solos,
se despojan de la ropa
y se quedan desnudos
sin pudor o vergüenza
¿pueden aún albergar
el misterio del mutuo descubrimiento?

Nada es ya prohibido entre ellos.
Al contrario.
Tienen licencia, sello, para los desaforos;
un lugar perenne para estar solos,
todas las noches del mundo
para vivir la intimidad.

¿Sobrevive el asombro
esta absoluta carencia de restricciones,
esta revelación coustante, cruel y permanente
de todas las funciones del cuerpo
los ruidos diurnos y nocturnos
la indiscreta pornografía de la cotidianidad?

Mis abuelos paternos
vivían en una casa señorial
frente a la Plaza de Correos.
No dormían juntos.
Sus cuartos y baños diferentes,
estaban situados a cada extremo
de un largo corredor.
         (Por donde se filtraría la luz lunar al caer la noche)

Ví llorar a mi abuelo,
– Mi abuelo que era duro y no expresaba los sentimientos –
solamente cuando ella murió.
Aulló como lobo. Sin recato su dolor.

Getrennte Zimmer

Beantworte mir folgende Frage:
Endet Erotik mit der Ehe?
Frau und Mann, die Tag für Tag
gemeinsam Morgende empfangen,
die sich nebeneinander die Zähne putzen,
die sich, als seien sie allein,
die Kleider ausziehen
und nackt dastehen,
ohne Scham noch Schüchternheit:
können sie noch das Geheimnis
gegenseitigen Entdeckens bergen?

Nichts ist verboten zwischen ihnen.
Im Gegenteil.
Sie haben jegliche Erlaubnis zur Zügellosigkeit,
einen Platz, um andauernd allein zu sein.
Alle Nächte dieser Welt,
um ihre Zweisamkeit zu leben.

Überlebt die Fähigkeit zu staunen
diese völlige Abwesenheit von Einschränkung,
diese andauernde, brutale und ewige Enthüllung
aller Funktionen unsrer Körper,
die täglichen und nächtlichen Geräusche,
die schonungslose Pornografie des Alltags?

Meine Großeltern väterlicherseits
lebten in einem Herrenhaus
am Platz der Hauptpost.
Sie schliefen nicht im gleichen Raum.
Ihre jeweiligen Schlaf- und Badezimmer
lagen an den entgegengesetzten Enden
eines langen Korridors.
    (In den des Nachts sicher das Mondlicht fiel.)

Ich sah meinen Großvater nur weinen
– mein Großvater war hart und zeigte nie Gefühle –
als sie ihm starb.
Er heulte wie ein Wolf. Ohne Zurückhaltung sein Schmerz.

Nunca entendí el secreto
de sus habitaciones distantes.
De niña exploraba la de la abuela
     – curiosa –
esperando encontrar claves, señales
para desentrañar el acertijo.

Ahora me es fácil imaginar el escenario nocturno de sus vidas.
La espera de los pasos acercándose,
El pomo de la puerta cediendo,
El inesperado color de la bata de noche en el quicio entreabierto.

Ellos lo sabían, me digo.
Se evadían, se escondían.
Se negaban el uno al otro.

Batallaban contra el desamor.

Niemals verstand ich das Geheimnis
ihrer so weit entfernten Zimmer.
Als Kind erforschte ich dasjenige der Großmutter
    – neugierig –
und hoffte, Zeichen zu finden, Hinweise,
die mir das Rätsel lösen halfen.

Jetzt fällt's mir leicht, das nächtliche Szenarium ihrer
                          Leben vorzustellen.
Das Warten auf die Schritte, die sich nähern.
Der Knauf der Tür, der nachgibt.

Sie wußten es, so sag ich mir.
Sie mieden sich, versteckten sich.
verweigerten sich einander.

Sie kämpften gegen die Lieblosigkeit.

Prejuicios sobre la maternidad

¿Es la única?
Me pregunta la mujer en el parque
contemplando los juegos de Adriana.
Tengo cuatro, le respondo.
No tarda mucho en preguntarme sus edades
Y en mirarme, incrédula, cuando se las digo.

– Se ve usted muy jóven para todo eso – comentan.
Es un halago
pero siempre me hace pensar
en los tristes perfiles, las asociaciones,
de la maternidad.
Más vida dan las mujeres,
– sostiene la popular sabiduría –
más vida pierden.
Los partos las destiñen.
Engordan. Se agotan. Envejecen.
Cuatro hijos tendrían que haber terminado con la sensualidad,
o el deseo.
Como si cada hijo mágicamente redujera la líbido,
y no fuera la realidad exactamente lo contrario:
Cada hijo dejándonos más cerca de la vida
más proclives a la ternura,
la piel más suave y el sexo más acogedor.

Es la falta de pan, de amor, la que desgasta.
No el parto.

Vorurteile über die Mutterschaft

Ist es Ihr Einziges?
fragt mich die Frau im Park
und sieht der spielenden Adriana zu.
Ich habe vier, geb' ich zurück.
Es dauert gar nicht lang, da fragt sie nach dem Alter
und schaut ungläubig drein, als ich's ihr sag.

»Sie seh'n sehr jung aus für das alles«, sagt sie.
Es soll ein Kompliment sein,
doch es läßt mich immer
an den tristen Ruf, die traurigen Begleitbilder
der Mutterschaft denken.
Je mehr die Frauen Leben geben
– so meint die Volksweisheit gewöhnlich –
umso mehr Leben verlieren sie.
Geburten lassen sie verblassen.
Sie nehmen zu. Und werden müd. Und altern.
Vier Kinder hätten Schluß machen müssen
mit Sinnlichkeit und mit Verlangen.
So als verringre jedes Kind durch Zauberhand die Libido
und wär in Wirklichkeit nicht grad das Gegenteil der Fall:
Ein jedes Kind bringt uns dem Leben näher
macht uns empfänglicher für Zärtlichkeit
weicher die Haut und das Geschlecht.

Es ist der Mangel an Brot, an Liebe, der müde macht,
nicht das Gebären.

Culpas Obsoletas

Un momento de soledad
de paz
y la tarde es mía.
Me puedo sentar a leer
sin sentirme culpable.
Sin pensar que debía salir
a comprar el líquido para desmanchar las alfombras
o bajar a jugar con la niña.

¿Cómo será, me pregunto,
no sentir incesantemente
que uno debería ocupar varios espacios al mismo tiempo?
No pensar, mientras se tumba uno con un libro,
que se debería estar haciendo otra cosa.
Asumir, como hacen los hombres,
la importancia del tiempo
que dedicamos al propio enriquecimiento.

Las mujeres
tenazmente sentimos
que le estamos robando tiempo a alguien.
Que quizás en ese preciso instante
se nos requiere
y no se cuenta con nosotros.
Precisamos
todo un entrenamiento
para no borrarnos, minimizarnos,
constantemente.

¡Ah! Mujeres, compañeras mías!
¿Cuando nos convenceremos
de que fue sabio el gesto
de extenderle a Adán
la manzana?

Unzeitgemäße Schuld

Ein Augenblick der Einsamkeit
des Friedens
und der Nachmittag gehört mir.
Ich kann mich hinsetzen und lesen
ohne mich schuldig zu fühlen.
Ohne zu denken, ich müsse losgehen
und das Mittel kaufen, die Teppiche zu säubern
oder nach unten gehen, um mit dem Kind zu spielen.

Wie mag es sein, so frag ich mich,
wenn man nicht dauernd fühlt
man müsse an mehreren Orten sein zur gleichen Zeit?
Nicht zu denken, während man sich mit einem Buch hinflezt,
man müsse andres tun.
Anzuerkennen, wie es Männer tun,
die Wichtigkeit der Zeit,
die wir dem eignen Wachsen widmen.
Wir Frauen
fühlen unbeirrt
daß wir jemandem die Zeit wegstehlen.
Daß man vielleicht in eben diesem Augenblick
uns braucht
und uns nicht zur Verfügung hat.
Wir brauchen
ein richtiges Training
um uns nicht dauernd wegzuwischen,
kleinzumachen.

Ah, Frauen, meine Gefährtinnen!
Wann überzeugen wir uns endlich,
daß sie sehr weise war, die Geste,
Adam den Apfel
darzureichen.

De los dudosos dones

Es mi prerrogativa de mujer
darle a mis hijos la muerte con la vida.
Cada uno de ellos
tiene su fin marcado
en el ignoto calendario de sus días.
No pensé al engendrarlos,
ni cuando los empujé
lejos de mí para tenerlos cerca,
que les otorgaba el fin
como ingrata consecuencia del principio.
Hoy que los veo ser y estar
Fluctuar y resollar en aguas
que, inevitablemente,
resuenan mareas en mi vientre,
no sé qué palabras usar como consuelo;
ni cómo explicarles que no fue mi intención jamás
traerlos aquí
a este mundo
para que lo hollaran apenas un instante.

Un instante quizás
es suficiente.

Von den zweifelhaften Fähigkeiten

Es ist mein Vorrrecht einer Frau
meinen Kindern mit dem Leben auch den Tod zu geben.
Jedes von ihnen
hat sein Ende festgeschrieben
im unbekannten Kalendarium seiner Tage.
Ich dachte nicht, als ich sie zeugte,
noch als ich sie weit von mir stieß,
um sie ganz nah zu haben,
daß ich ihnen das Ende gab
als unerwünschte Folge ihres Anfangs.
Heut da ich sie sein und dasein sehe
luftschnappend schwimmen in Gewässern
die unvermeidlich
wie Fluten meines Leibes klingen,
heut weiß ich nicht, welch Worte Trost sein mögen
noch wie erklären, daß es nie mein Ziel war,
sie hierherzubringen
auf diese Welt
damit sie sie kaum einen Augenblick betreten.

Ein Augenblick vielleicht
ist schon genug.

Nacimiento de Maryam

para vos, mi niña, mi mujer,
mi pájara

El recuerdo huele a noche de Managua.
La brisa moviendo las hojas de los mangos.
Las paredes verdes del Hospital.
El doctor Abaunza sentado en una mecedora
con su impecable bata blanca almidonada
y sus gruesos bigotes.
(Me bastaba verle las manos para sentirme segura.)
Yo, en la cama,
oyendo las voces de tus abuelos a lo lejos
desde el mundo donde sólo existíamos
tu cuerpo, mi cuerpo
y las leyes de la creación
separándonos.

Diecinueve años tenía tu madre.
»Tan jovencita«, dijo la enfermera,
mientras yo me sentía antigua.
(No hay momento de más sabiduría que el parto:
el rito milenario de la especie hace una a todas las mujeres)
Cada uno de mis músculos sabía su oficio
Sordamente hacían su labor los huesos.
Se abrían los pasajes.
Cada dolor partía la carne
y era soportable tan sólo por la promesa final:
el rostro pequeño al otro lado del tunel;
el abrazo al final de la carrera.

Fueron doce horas de arduo trabajo:
mi cuerpo empujándote hacia el mundo,
tu cabeza abriéndose paso hacia la madrugada.

Eran las dos de la mañana
cuando me pasaron a la camilla.
A través de corredores oscuros
– láminas cuadradas en el techo
luces de neón pálidas –
entramos a la sala de operaciones.

Maryams Geburt

für dich, mein Mädchen, meine Frau,
mein Vögelchen

Die Erinnerung riecht wie ein Abend in Managua.
Der Wind wiegt sacht das Blätterwerk der Mangobäume.
Die grünen Wände im Hospital.
Der Doktor Abaunza sitzt im Schaukelstuhl
mit seinem strahlend weiß gestärkten Kittel
und seinem dicken Schnurrbart.
(Ein Blick auf seine Hände reichte aus, daß ich mich sicher fühlte.)
Ich lieg im Bett
und hör weit weg die Stimmen deiner Großeltern,
von jener Welt her, wo nur wir sind,
dein Körper, mein Körper
und die Gesetze der Schöpfung,
die uns voneinander trennen.

Neunzehn Jahre war deine Mutter.
»So jung noch«, meinte die Krankenschwester,
während ich mich uralt fühlte.
(Es gibt keinen Moment größerer Weisheit als die Geburt:
der tausendjährige Ritus unserer Art macht eine einzige Frau aus allen.)
Jeder einzelne meiner Muskeln wußte, was zu tun war.
Stumm taten meine Knochen ihre Arbeit.
Öffneten sich die Kanäle.
Jeder Schmerz teilte das Fleisch
und war erträglich nur durchs endliche Versprechen:
dein kleines Antlitz dort weit weg im Tunnel
dich nach dem Wettlauf in die Arme schließen.

Zwölf Stunden harter Arbeit waren das,
mein Körper, der dich in die Welt stieß,
dein Kopf, der sich den Weg zum Tageanbruch bahnte.

Es war schon zwei Uhr morgens
als man mich auf ein Rollbett legte.
Durch dunkle Korridore
– rechteckige Täfelung,
bleiches Neonlicht –
ging es zum Operationssaal.

Por fin, la bendita anestesia.
Ya sin dolor, tuve que contener la risa:
El ayudante del médico, bajito,
subido sobre un par de gradas
me apretaba la barriga. »Empujá, empujá« »Ya viene, ya viene«
Hasta que llegaste,
hasta que, a distancia, te ví cabeza abajo
cubierta de sebo y sangre, llorando.
»Es una niña«, dijo el Doctor Abaunza.
Afuera, sobre el marco de la puerta de la sala de operaciones,
en el Hospital Bautista,
encendían una luz para anunciar al padre y la familia
el sexo del recién nacido.
Pensé en la luz roja iluminándose.

Hace ya veintisiete años de aquello,
pero la memoria me devuelve minuciosa cada detalle:
Te tuve en mis brazos tanto tiempo
que tu cabeza aún blanda tomó la forma de mi brazo
y me espantó y lloró creyendo haberte hecho daño.

Todavía me pasa.
Todaváa me espanto y lloro
cuando pienso que te he causado dolor.

El parto apenas comienza cuando se nace.
Todavía y quizás para siempre
estaremos pariéndonos a empujones.
Viajando por la vida con la nostalgia
de habernos separado,
amando la cueva oscura,
el silencio fluido, amniótico, de la
más íntima cercanía,
pero también la luz, el aire,
la existencia distinta de la una y la otra.

El misterio de la vida nos acerca y nos aleja
pero el amor es más grande que todas las contradicciones.

Und endlich, endlich, die Narkose.
Dann, ohne Schmerz, mußt ich ein Lachen unterdrücken:
Der kleine Assistenzarzt, der
auf einem Bänkchen stand
und mir den Bauch herunterdrückte: »Preß ordentlich«,
                              »Da kommt es schon«.
Bis du herauskamst,
bis ich dich, weit weg, kopfunter sah,
bedeckt mit Talg und Blut, und weinend.
»Es ist ein Mädchen«, sagte Doktor Abaunza.
Draußen über der OP-Tür
im Baptistenhospital
leuchtete ein Licht auf, das dem Vater, der Familie
das Geschlecht des Neugeborenen anzeigte.
Ich dachte an das rote Licht, das anging.

Siebenundzwanzig Jahre sind seither vergangen,
doch gibt mir die Erinnerung jedes Detail genau zurück:
Solange hielt ich dich in meinen Armen
daß dein noch weicher Kopf des Armes Form annahm,
und ich erschrak und weinte, dachte ich doch, ich hätte dich verletzt.

Das geht mir heut' noch so.
Noch heut' erschrecke ich und weine
wenn ich dich verletzt zu haben meine.

Die Geburt beginnt ja kaum, wenn wir geboren werden.
Immer noch, vielleicht auf ewig
gebären wir uns unter Wehen.
Reisen durchs Leben mit der Wehmut
uns getrennt zu haben,
die dunkle Höhle liebend,
die fließende Fruchtwasserstille
der allernächsten Nähe,
doch auch das Licht, die Luft,
das Unterschiedlichsein der Einen von der Anderen.

Das Geheimnis dieses Lebens nähert uns einander an und trennt uns,
doch ist die Liebe größer als all unsre Gegensätze.

Cuarto Creciente

La luna ha entrado en mí.
Cuarto creciente, cuarto menguante.
Plata y fulgor sobre mis huesos.
Las memorias de la infancia
cada vez más lejanas
y recordadas con creciente nostalgia.
Vino añejo en tonel de madera,
cuerpo de vino con aromas exquisitos.
La luna se filtra en los cabellos,
pero los huesos aún sueñan caballos desbocados
y la mente, cada vez más despierta,
rehusa la abstracción de una futura decrepitud.

¡Ah! La vida y sus valles sonoros,
las praderas sin retorno,
los ríos mansos y los rápidos inclementes,
la visión, la voz de los volcanes
cantando en las tardes,
la dádiva del silencio
conque se fragua el poema!

Podrá ser corta la vida
más, sabiendo vivirla,
dura lo necesario.

Zunehmendes Viertel

Es ist der Mond in mich gefahren.
Zunehmendes Viertel, abnehmendes Viertel.
Silberner Glanz auf meinen Knochen.
Die Erinnerungen an die Kindheit
sind immer ferner
und mit wachsender Nostalgie wachgerufen.
Gereifter Wein in einem Faß aus Holz,
Körper aus Wein mit exquisitem Duft.
Der Mond fällt schon durchs Haar,
doch träumt der Körper noch von durchgehenden Pferden
und der Geist, wacher von Tag zu Tag,
verweigert den Gedanken an zukünftiges Siechtum.

Ah! Das Leben und seine wohltönenden Täler,
die Wiesen ohne Wiederkehr,
die sanften Flüsse und erbarmungslosen Schnellen,
der Anblick und die Stimme der Vulkane,
die abends singen,
die Gabe der Stille,
mit der man ein Gedicht schmiedet.

Es mag kurz sein, dieses Leben,
doch wenn man es zu leben weiß,
dann dauert's lang genug.

El Hombre y el Universo

Dejamos el espacio iluminado
donde hemos conversado con los amigos.
Es hora de dormir.
Ya se guardaron las sillas y los vasos.
Las parejas se retiraron a acariciarse la mutua soledad.

»Vení« – decís –
Y me tomás la mano.
Salimos a la playa oscura
donde el cielo despliega el Universo,
el Cosmos nítido y clarísimo
                    la mancha blancuzca de la Vía Láctea
                    la diagonal Cruz del Sur
Astros tiemblan en el viento.
Jamás viera yo noche más abierta.
Tan definidos los continentes del cielo,
las constelaciones rutilantes.
Las enormes incógnitas del infinito
pendiendo en el aire delgado
de la profunda
                    luminosa
                              tiniebla.

Sobre las rocas.
Vos y yo.
Un hombre y una mujer.
Vemos desprenderse las estrellas,
el chisporroteo fugaz de los meteoros.
Pedir un deseo resultaría trivial.
Contemplo solamente el misterio
                              expuesto allí
                              a boca de jarro.
Me inclino para tocar
la fosforecencia del agua.

Der Mensch und das Universum

Wir treten aus dem hellen Kreis
der Gespräche mit den Freunden.
Es ist Zeit, schlafen zu gehen.
Stühle und Gläser sind schon hereingeholt.
Die Paare sind gegangen, sich ihre Einsamkeit zu streicheln.

»Komm«, sagst du
und faßt meine Hand.
Wir laufen hinunter zum dunklen Strand
wo der Himmel uns das Universum bietet,
den klar zu sehenden Kosmos
            den weißlichen Fleck der Milchstraße
            das schräge Kreuz des Südens.
Sterne funkeln im Wind.
Nie sah ich eine Nacht, die weiter war.
So klargezeichnet die Himmelskontinente,
die schimmernden Sternbilder.
Die riesigen Unbekannten der Unendlichkeit
baumeln in der dünnen Luft
der tiefen
        helleuchtenden
                Dunkelheit.

Auf den Felsen.
Du und ich.
Ein Mann und eine Frau.
Wir sehen, wie sich Sterne lösen.
Den flüchtigen Funkenflug von Meteoriten.
Es wär trivial, sich was zu wünschen.
So seh ich nur, betrachte dies Geheimnis
                das dort direkt
                vor meinen Augen liegt.
Ich beuge mich vor und tauche meine Hand
in das phosphoriszierende Wasser.

Hace frío
y de pronto,
veo que te ponés de pie sobre la piedra,
adivino el gesto conocido.
Sonrío al escuchar
ruido de manantial sobre la arena.

En un instante
la inmensidad reduce sus contornos,
lo infinito del cosmos,
lo ignoto, la danza de los astros
se torna familiar y acogedora.

A través de tus piernas
el arco de líquido ámbar
no es menos que la curva espacial
que surcan los astros errantes.

Estamos sin duda aquí.
Somos parte de cuanta belleza.

Con todo derecho
te orinás frente al Universo.

Es ist kalt
und dann auf einmal
seh' ich dich auf den Steinen stehn
errate die bekannte Geste.
Ich lächle, als ich höre
wie eine Quelle auf den Sand sprudelt.

In einem einzigen Augenblick
rückt der riesige Raum zusammen,
die Unendlichkeit des Kosmos,
das Unbekannte, der Sternentanz
wird heimisch und vertraut.

Zwischen den Beinen
ist der Strahl goldenen Wassers
nicht anders als der Himmelsbogen
den Sterne ziehen auf ihrer Bahn.

Ganz ohne Zweifel sind wir dort.
Sind Teil all dieser Schönheit.

Völlig zu Recht
pinkelst du im Angesicht des Universums.

Te veo dormir

Te veo dormir
y desde mi plexo solar
una luna de agua
encrespa su ola suave
sobre mi torso de noche acurrucada.
Te toco para arrullarte como madre.
Veo tu espalda fuerte como amante.
Sonrío quedamente como hermana.
Tantas mujeres hay en mí.
Y en cada una de ellas
se te ama.

Ich sehe dich schlafen

Ich sehe dich schlafen
und aus meinem Sonnengeflecht
schäumt ein Wassermond
seine sanfte Welle
über meinen nächtlich angeschmiegten Körper.
Ich faß dich an und wiege dich wie eine Mutter.
Ich sehe deinen breiten Rücken an wie die Geliebte.
Ich lächle leis wie eine Schwester.
So viele Frauen sind in mir.
Und in jeder von ihnen
wirst du geliebt.

De la trivialidad del llanto

Puedo llorar porque el carro de al lado
ha sonado furioso la bocina,
porque en la fila para pagar las compras
una anciana delante se apoya en un anciano.
Puedo llorar porque en la alameda
sobre altas grúas hombres de rojo podan las palmeras
y al regreso, en el estacionamiento de la casa,
veo tu carro, sé que no te has ido.
Cosas triviales estos días me tocan
cual si me echaran sal en las heridas.

Von der Alltäglichkeit des Weinens

Ich könnte heulen, weil der Wagen nebenan
wütend die Hupe tönen läßt,
weil in der Schlange an der Kasse
sich eine alte Frau auf einen alten Mann stützt.
Ich könnte heulen, weil in der Allee
auf hohen Kränen Männer in Rot die Palmen stutzen
und ich bei der Heimkehr auf dem Parkplatz vor dem Haus
dein Auto seh und weiß, daß du nicht fort bist.
Alltäglichkeiten geschehen mir in diesen Tagen
als streute man mir Salz in meine Wunden.

129

Regreso a Nicaragua. Mi país sin vos.

Domingo. Tres y veinte de la tarde.
El sonido de los buses en la calle,
arrastrando las carrocerías.
Las loras en el patio
repitiendo nombres familiares.
El cielo nublado,
disimulando el calor de Marzo.

Mi país sin vos.
La siesta sola. Y los recuerdos tuyos.
Recuerdos recientes,
pero que tienen un aire a recuerdos viejos,
como si vos hubieras sido un muchacho bello
de mis correrías de adolescente,
el extranjero que me enamoró en un país lejano
del que he vuelto hace mucho,
a vivir domingos largos como este,
con el libro sobre las piernas,
y los ojos que se cierran de sueño y calor,
y por cuyas rendijas asoma tu rostro,
tu pelo negro ensortijado,
tu perfil de italiano galante,
la camisa blanca abierta en el pecho,
los pantalones caqui.

El tiempo no es el mismo en todas partes.
Sus pasos no tienen la misma longitud.
Me voy, vuelvo,
y aquí el tiempo apenas si ha transcurrido.
O quizás la manera fácil conque puedo acomodarme a sus pasos,
me engaña.
Pero este domingo ya lo he vivido también.
Como si mi vida se hubiera bifurcado.
(mi vida, no yo)
y me hubieran sido dados los domingos de los
barcos de vela en la Bahía de Santa Mónica
y estos de aquí,
estos de siestas interminables
y el aire pesado conque se mueven los buses,

Rückkehr nach Nicaragua. Mein Land ohne dich.

Sonntag. Nachmittags zwanzig nach drei.
Der Lärm der Busse auf der Straße,
die müde ihre Karrosserien ziehen.
Die Papageien, die im Hof
bekannte Namen wiederholen.
Bewölkter Himmel,
der Märzhitze zu verbergen sucht.

Mein Land ohne dich.
Einsame Siesta. Deine Erinnerung.
Frische Erinnerung,
doch mit dem Hauch alter Erinnerung,
als seist du einst ein schöner Jüngling
ein Abenteuer meiner Jugendzeit gewesen,
der Fremde, in den ich mich in fernem Land verliebte,
aus dem ich längst nach Haus kam
um lange Sonntage wie diesen zu verbringen
mit dem Buch auf meinen Beinen
und vor Trägheit und Hitze schläfrigen Augen,
durch deren Ritzen dein Gesicht lugt,
dein schwarzgelocktes Haar,
dein Profil eines galanten Italieners,
das weiße, auf der Brust offene Hemd,
die Khakihosen.

Die Zeit ist nicht überall die Gleiche.
Ihre Schritte haben nicht die gleiche Länge.
Ich gehe fort, komme zurück,
und hier ist kaum die Zeit vergangen.
Oder vielleicht trügt auch
die Leichtigkeit, mit der ich mich an ihren Lauf gewöhne.
Doch diesen Sonntag habe ich schon mal gelebt.
Als ob mein Leben sich geteilt
(mein Leben, nicht ich)
und mir die Sonntage der Segelboote
in der Bucht von Santa Monica gegeben seien
und diese hier,
diese mit endloser Siesta
und schwüler Luft, in der die Busse fahren

transportando paseantes
Sólo que en uno de esos domingos
está tu perfil,
tus manos, la camisa blanca abierta,
el pantalón caqui,
y en el otro estoy sola, recordándote,
como si hubieses existido antes,
en otro tiempo,
o como que le hubieras sucedido a alguien que conozco,
alguien muy cercano a mí,
pero no a mí,
a esa otra que vive su tiempo en Los Angeles,
y que sueña ser
una mujer en Nicaragua,
oyendo las loras,
el ruido de los buses en la calle,
a las tres y veinte de la tarde,
en un domingo caliente de marzo.

und Ausflügler befördern.
Nur daß in einem dieser Sonntage
dein Profil ist,
deine Hände, das weiße, offene Hemd,
die Khakihose,
und im anderen bin ich allein und denk an dich,
so, als hättest du früher gelebt,
in einer andren Zeit,
oder als seist du jemand zugestoßen, die ich kenne,
jemand, die mir sehr nahe steht,
aber nicht mir,
jener anderen, die ihre Zeit in Los Angeles verbringt
und davon träumt
eine Frau in Nicaragua zu sein,
die Papageien hört,
den Lärm der Busse auf der Straße
nachmittags zwanzig nach drei
an einem heißen Märzsonntag.

Boca de Mujer

Cuando una mujer abre la boca
su lengua se empeña en lamer la dureza:
      Puede ser la dureza de la vida,
        la dureza del dolor con sus dientes esmaltados y perfectos.
      La dureza del tiempo que desaparece.
O puede ser que su boca se abra
para lamer, como perra cálida y protectora,
la cara de sus hijos,
o el sexo del hombre hasta derretirlo
y enjugarlo de sal,
hasta limpiarlo de su ímpetu
y dejarlo palpitante y lánguido entre los dientes.

Cuando una mujer abre la boca
su lengua quiere decir otro lenguaje,
nombrar otros nombres,
poner saliva entre las puertas
que se abren de un alma a otra.
Limar. Limpiar. Lamer.
Tantas cosas, tanto intento, tanto de lo perdido,
existe en la boca abierta de una mujer.

Frauenmund

Wenn eine Frau den Mund auftut
schickt sie sich an, Härte zu lecken:
    Die Härte des Lebens mag das sein,
    des Schmerzes Härte mit perfekt blitzenden Zähnen.
    Die Härte der Zeit, die rasch davoneilt.
Oder es mag ihr Mund sich auftun
um wie die Hündin, warm und schützend,
das Antlitz ihrer Kinder abzulecken,
oder das Geschlecht des Mannes, bis es dahinschmilzt
und ihm das Salz zu trocknen
bis es von seinem Ungestüm befreit ist
und klopfend-matt zwischen den Zähnen liegt.

Wenn eine Frau den Mund auftut
will ihre Zunge in andren Zungen sprechen,
andre Namen nennen,
Speichel in die Türen tun
die sich zwischen den Seelen öffnen.
Abschleifen. Scheuern. Schlecken.
Soviele Dinge, soviel Versuch, soviel Verlorenes
gibt es im offenen Munde einer Frau.

Conjuro contra la enfermedad

Cuerpo de mis tormentos.
Cuerpo gozoso de mis aleluyas.
Cuerpo de uvas y de verdes cactos.
Cuerpo de pan, cuerpo de gacela,
cuerpo de pino, de volcanes altos,
no te me quebrés, no te me enfermés.
Afirmá tu solidez de torre a medio día,
tu salud de potranca en buen potrero.
Prisión de mis sueños,
corredor de todos mis sentidos,
traje de mi cerebro incandescente.
Huí de mis locos pensamientos oscuros.
Encerré mis quejidos.
La ansiedad por mi madre cuidándome en la infancia.
No dejés que el insomnio me desvele,
que se me acaben en humo los pulmones.
Demandá tu dosis de aire puro,
tu ración de sudor,
tu cuota de prados verdes y de trigo.
Cuerpo fiel de todas mis edades.
Seguime, acompañame
por un largo, oloroso, camino.

Krankheitsbeschwörung

Leib meiner Qualen.
Fröhlicher Leib all meiner Hallelujas.
Leib aus Trauben und aus grünem Kaktus.
Leib aus Brot, Gazellenleib,
Leib aus Kiefern und Vulkanen,
werd' mir nicht schwach, werd' mir nicht krank.
Bleib fest mir wie der Turm im Mittagslicht,
gesund mir wie das Fohlen auf der Weide.
Gefängnis meiner Träume,
Wandelgang meiner Gefühle,
Kleid meines glühenden Gehirns.
Fliehe vor meinen dunklen Gedanken.
Schließ meine Klagen ein.
Die Sehnsucht nach dem Schutz der Mutter in der Kindheit.
Gestatte nicht,
daß mir die Lungen sich in Rauch auflösen.
Verlang deinen Anteil frischer Luft,
deine Ration an Schweiß,
dein Quantum grüner Wiesen, Weizenfelder.
Treuer Leib jedes meiner Alter.
Folge mir nach, begleite mich
auf einem langen, wohlriechenden Weg.

Admonición

¿Cuántas noches más de amor viviremos tú y yo?
¿Cuántas veces podremos, en los años que se avecinan,
abandonarnos el uno en el otro?
Lo ignoro.
Sólo sé que estamos perdiendo el tiempo.
Que de estas noches
acostados como un matrimonio aburrido,
nos arrepentiremos.

138

Warnung

Wieviele Liebesnächte werden du und ich noch leben?
Wie oft noch können in den Jahren, die jetzt kommen,
wir ineinander aufgeh'n, uns verlieren?
Ich weiß es nicht.
Ich weiß nur, daß wir viel Zeit verlieren.
Daß diese Nächte
da wir wie ein altes Ehepaar gelangweilt liegen
uns noch gehörig leid tun werden.

139

Amor de Frutas

Dejame rodar manzanas en tu sexo,
néctares de mango,
carne de fresas:

Tu cuerpo son todas las frutas.

Te abrazo y corren las mandarinas.
Te beso y las uvas sueltan
el vino oculto de su corazón
sobre mi boca.

Mi lengua siente en tus brazos
el zumo dulce de las naranjas.
Y en tus piernas
el promegranate
esconde sus semillas incitantes.

Dejame que coseche los frutos de agua
que sudan en tus poros.

Mi hombre de limones y duraznos!
Dame a beber fuentes de melocotones y bananos,
racimos de cerezas.

Tu cuerpo es el paraíso perdido
Del que
        nunca jamás
        ningún Dios
        podrá expulsarme.

Fruchtige Liebe

Laß mich Äpfel über dein Geschlecht rollen
Mangonektar
Erdbeerfleisch.

      Dein Körper ist alle Früchte.

Umarm ich dich, so kullern Mandarinen.
Ich küsse dich, und Trauben gießen
ihren verborgenen Herzenswein
in meinen Mund.

Meine Zunge spürt in deinen Armen
den süßen Saft der Apfelsinen.
Und zwischen deinen Beinen
verbirgt der Granatapfel
seinen erregenden Samen.

Laß mich die Wasserfrüchte ernten
die deine Poren schwitzen.

Mein Mann aus Pfirsich und Zitronen!
Gib mir aus Aprikosen- und Bananenquell zu trinken
Trauben von Kirschen.

Dein Körper ist das verlorene Paradies
aus dem
      kein Gott
      mich je
      vertreiben kann.

Miedo

Tiemblo. Lluevo.
Se me mojan los huesos.
Pende mi alma azul del precipicio.
Baten tambores mis tímpanos alertas.
Mi sangre corre como voz que pena.

Cual si mudas sirenas anunciaran histéricas
          la guerra
el miedo ocupa todos mis resquicios.
Qué sola estoy!
Ninguna piel a mi piel acompaña.
Nadie puede habitar mis parietales
Vivir conmigo estas pesadillas;
                    imágenes terribles diviso.

Jamás pensé estar hecha de cristales,
ser esta frágil versión de mujer enfebrecida,
tener tanto terror entre las manos.
¿Con qué cara envejeceré?
¿Con qué fuerzas enfrentaré
la soledad abismal de la muerte?
El ahogo, el último latido
          furioso
          del corazón?
Quién me despojará de este huracán
que sopla inmisericorde despeinando
          la razón
          la calma?

Miro mis ojos redondos y azorados.
Tengo ganas de abrazar mi sombra.
Me da pena su espanto de animal ante el rayo.
No hay conciencia,
          sosiego.
          No hay consuelo
para el cuerpo asustado.
          Sólo llanto.

Angst

Ich bebe. Regne.
Meine Knochen werden naß.
Am Abgrund baumelt meine blaue Seele.
Wie Trommeln schlagen meine aufgeregten Trommelfelle.
Gleich Geisterstimmen strömt mein Blut.

Als kündeten stumme Sirenen voll Hysterie
      den Krieg
bevölkert Angst all meine Winkel.
Wie einsam bin ich!
Keine Haut liegt weich an meiner Haut.
Niemand kann meinen Kopf bewohnen,
mit mir diesen Alptraum teilen;
            schreckliche Bilder seh' ich.

Nie hätte ich gedacht, daß ich aus Glas gemacht bin,
diese zerbrechliche Version fiebernder Frau zu sein,
so großen Schreck in meinen Händen zu halten.
Mit welchem Antlitz will ich alt werden?
Mit welcher Kraft stelle ich mich
der abgrundtiefen Einsamkeit des Todes?
Dem Atemstillstand, dem letzten
            wilden Schlag
            des Herzens?
Wer nimmt mir diesen Wirbelsturm
der unbarmherzig bläst und mir
            Vernunft nimmt
            meine Ruhe

Ich sehe meine runden Augen schreckgeweitet.
Ich möchte meinen Schatten in den Arm nehmen.
Seine Furcht wie die des Tieres vor dem Blitz beschämt mich.
Bewußtsein gibt es nicht
            noch Ruhe.
      Da ist kein Trost
für den erschrocknen Körper.
      Nur Weinen.

Distancias y Cercanías

a Camilo, en su adolescencia

En la prehistoria de mi vida,
mucho antes de que mi padre, o mi madre,
fueran semilla en el vientre de sus antepasados,
estas praderas de Wyoming,
estas colinas,
fueron fondo de océano, refugio de peces.
Mi hijo Camilo, a caballo,
me ilustra sobre este hecho:
»Ves aquellas mesas – señala –
El agua las hizo hace cientos de miles de años.«
Su cuerpo es alto, delgado,
y el sol alumbra su pelo rojo.
Parece un ángel posado sobre la montura.
Me deja atrás, alzándose sobre los estribos.
Es nervioso, mejor jinete
y todavía no conoce el miedo.
Cuando delante de él
hablo del temor a enfermarme o morir,
me observa con incomprensión y censura,
como miran los hijos a los padres
desde un tiempo demasiado nuevo
donde la vida es aún como esta pradera de Wyoming
– lejano el horizonte; una vasta extensión abierta hacia el infinito –.
Descendemos del promontorio
atravesando pinares y grandes formaciones rocosas.
El camino es una pendiente brusca
y él se vuelve para cerciorarse de que aún estoy sobre la montura,
riéndose sus ojos, burlándose solapados de mi torpeza,
de mi cuerpo que busca el balance sobre la silla,
mientras él, gallardo y seguro, maneja las riendas con destreza
y hasta se atreve a espolear al animal cuesta abajo.
Desde cuándo, me pregunto, venimos él, o yo
en esta carrera de relevos,
afirmándonos frente a los que nos precedieron,
constantemente comprobando su debilidad y nuestra fuerza,
un poco crueles, desafiantes, en nuestra juventud?
Regresamos y me siento otra vez a escribir,
mientras él sale equipado con su mochila

Nähe und Ferne

für Camilo, beim Erwachsenwerden

In der Vorgeschichte meines Lebens
viel früher, als mein Vater, meine Mutter
im Leib der Ahnen Samen wurden,
war die Prairie hier in Wyoming
waren diese Hügel
der Grund des Ozeans, Laichplatz der Fische.
Mein Sohn Camilo, hoch zu Pferde,
belehrt mich über diesen Umstand:
»Siehst du die Tafelberge dort«, so zeigt er.
»Das Wasser schuf sie vor Hundertausenden von Jahren.«
Sein Körper hochgewachsen, schlank
die Sonne bescheint sein rotes Haar.
Er sitzt in seinem Sattel wie ein Engel.
Er läßt mich hinter sich, steht in den Bügeln.
Er ist nervös, ein bessrer Reiter,
und kennt die Angst noch nicht.
Wenn ich in seiner Gegenwart
von Furcht vor Krankheit oder Sterben spreche,
mustert er mich verständnislos und tadelnd,
so wie die Kinder ihre Eltern ansehen
aus einer viel zu neuen Zeit,
in der das Leben noch so ist wie die Prairie hier in Wyoming
– weit weg der Horizont; riesiger Raum, der sich unendlich öffnet.
Wir steigen herab von unserm Hügel
durchqueren Kiefernwälder, riesige Felsformationen.
Der Weg geht steil hinab,
und er dreht sich, um zu sehen, ob ich noch im Sattel sitze,
lachenden Auges, heimlich belustigt über meine Ungeschicktheit,
meinen Körper, der sein Gleichgewicht zu halten sucht,
während er, mannhaft und sicher, geschickt die Zügel führt
und noch bergab dem Tier die Sporen gibt.
Seit wann, so frag ich mich, sind er und ich
in diesem Staffellauf,
suchen Bestätigung vor unseren Vorgängern,
beweisen dauernd ihre Schwäche, unsre Kraft,
herausfordernd und ein wenig grausam, in unsrer Jugend?
Wir kehren heim, und ich setz mich zum Schreiben,
während er mit seinem Rucksack loszieht

a explorar las montañas
o pescar en las pozas quietas del río
que baja desde quién sabe qué alturas de las Big Horn.

Al retornar entra con ímpetu a la habitación
mientras yo le pido silencio.
»Vení – me dice con urgencia desatendiéndome – Vení.
$\qquad\qquad\qquad\qquad\qquad\qquad$Tenes que ver esto«
Resignada, lo sigo hasta la puerta de la terraza.
Cruzo el umbral hacia el atardecer.
La cresta de pinares y riscos lejanos,
exhala a bocanadas

la cálida, roja, memoria de aquel día.
Cielo y tierra se tocan y despiden en el largo pasillo circular,
púrpura y rosa del crepúsculo.
En lo alto del arco, el ojo vigilante de la oscuridad
asoma las primeras estrellas.
Se anuncia la noche, solemne y primigenia, del Oeste.
Mi hijo sonríe y me pasa el brazo por los hombros.
Sonrío a mi vez. Intimamente le agradezco el gesto.
Pienso cómo en su afán de alejarse
se aloja también
el callado deseo
de estar cerca.

die Berge zu erforschen
oder in den ruhigen Knien des Flusses zu fischen,
der aus weiß Gott welcher Höhe vom Big Horn herunterkommt.

Bei seiner Rückkehr stürmt er laut ins Zimmer,
während ich ihn zu Schweigen bitte.
»Komm«, sagt er, ohne mich zu hören. »Komm.
                                    Das mußt du sehen.«
Ergeben folge ich ihm zur Verandatür.
Kreuze die Schwelle in den Sonnenuntergang.
Der Kamm der fernen Kiefernwälder, Felsenhöhen
atmet in tiefen Zügen
die warmrötliche Erinnerung an diesen Tag.
Himmel und Erde treffen sich und hauchen im langen,
                                    kreisförmigen Gang
Rosa und Purpurrot des Abends aus.
Hochoben zeigt im Himmelsbogen der Dunkelheit wachsames Auge
die ersten Sterne.
Erhaben und ursprünglich zeigt sich die Nacht des Westens.
Mein Sohn lächelt und legt den Arm um meine Schultern.
Ich lächle auch. Und bin in meinem Innern dankbar für die Geste.
Und denke, wie sich in seinem Drang nach Ferne
einnistet auch
der leise Wunsch
sich nah zu sein.

Invitación feminista

Yo,
mujer de la luna,
te convoco a besarme.
Te convoco a los cráteres
de mi geografía.
Ven.
Despójate de temores.
Apacienta rebaños
en mis colinas.

Yo,
mujer de la tierra
te convoco a un amor de signo nuevo,
un amor vegetal de mil semillas,
alto, sólido, tronco de los árboles.
Ven.
Despertemos del barro.
Te invito al aire de mis nuevas alas.

Yo,
mujer vientre de sol,
te convoco a la luz,
a juntarte conmigo al mediodía.
Ninguna sombra entre nosotros medie.
Ven.
Alzate conmigo hasta el cenit.
Mírame desde la misma altura.

Juntos apaciguaremos la muerte.
Juntos enterneceremos las piedras.
Juntos abriremos el mar.
Nos tomaremos la Tierra Prometida.
Incendiaremos el rostro de los siglos.

Feministische Einladung

Ich,
Mondfrau,
lade dich ein, mich zu küssen.
Lade dich ein zu den Kratern
meiner Geografie.
Komm.
Leg alle Angst ab.
Treib Herden
über meine Hügel.

Ich,
Erdfrau,
lade dich zu einer Liebe neuen Zeichens,
pflanzliche Liebe aus eintausend Samen.
Komm.
Erwachen wir aus der Tonerde.
Ich lade dich zur Luft meiner neuen Flügel.

Ich,
Frau mit dem Sonnenleib,
ich lade dich zum Licht,
dich mir am hellen Mittag zu verbinden.
Kein Schatten störe zwischen uns.
Komm.
Erhebe dich mit mir zum Scheitelpunkt.
Sieh mich von gleicher Höhe aus.

Gemeinsam halten wir den Tod in Schach.
Gemeinsam erweichen wir die Steine.
Gemeinsam teilen wir das Meer.
Nehmen uns das Gelobte Land.
Entzünden wir das Antlitz der Jahrhunderte.

Sobre las ventajas de soñar

Soñar no cuesta nada.
Contrario a cuanto ejercicio hoy se nos recomienda,
no requiere de zapatos, ni ropa adecuada.
No nos pide sudar o quemar calorías.
Ni calcular el posible daño o provecho
para nuestra salud.
No es tampoco un hábito
cuya repetición pueda conducirnos a cáncer del pulmón
o de cualquier otra parte del cuerpo.

Soñar no daña la ecología,
ni atenta contra la capa de ozono.
No aumenta el colesterol,
ni fomenta la crueldad contra los animales.
Soñar no afecta los reflejos,
ni causa daños congénitos.
No es dañino para las mujeres embarazadas,
ni inhibe la lactancia materna.
Soñar es un deporte barato.
No requiere de equipo sofisticado,
ni de constante y agotador entrenamiento.

No se puede decir, sin embargo,
que no cause riesgos al corazón.
Sin embargo, hasta el momento,
no se ha encontrado base científica para
contraindicar los sueños,
aunque los argumentos en favor de su extinción
se fabrican a diario.

Yo sostengo que soñar continúa siendo una práctica subversiva,
con una deliciosa, pero lícita, peligrosidad;
un hábito difícil de erradicar,
cuya ternura y perseverancia
sigue teniendo la innata capacidad de conmover
y abrir ranuras, por pequeñas que sean,
en corazas bien armadas y aparentemente impenetrables.

Über die Vorzüge des Träumens

Zu träumen kostet nichts.
Anders als jeder Sport, den man uns heut empfiehlt,
braucht es dafür kein Schuhwerk noch bestimmte Kleidung.
Es verlangt nicht, daß wir schwitzen oder viele Kalorien verbrennen.
Noch etwaigen Schaden und Gewinn
für die Gesundheit abzuschätzen.
Auch ist es keine Angewohnheit,
deren Ausübung uns Krebs verursacht,
ob in der Lunge oder einem anderen Teil des Körpers.

Träumen schadet der Ökologie nicht,
noch greift es die Ozonschicht an.
Es erhöht kein Cholesterin
noch fördert es Tierquälerei.
Träumen macht den Reflexen nichts
noch hat es Geburtsfehler zur Folge.
Es ist unschädlich für schwangere Frauen
und steht dem Stillen nicht entgegen.
Träumen ist ein preiswerter Sport.
Man braucht dafür keine besondere Ausrüstung
noch dauerndes, ermüdendes Training.

Hingegen kann man nicht behaupten
daß es kein Risiko fürs Herz sei.
Auf jeden Fall fand man bis jetzt
noch keinen wissenschaftlichen Grund
das Träumen ärztlich zu verbieten,
obwohl die Argumente für den Bann
täglich geschmiedet werden.

Ich halte aufrecht, daß das Träumen nach wie vor ein
                                subversives Treiben ist,
mit einer wunderbaren, wiewohl gesetzlichen Gefahr;
eine schwer auszulöschende Gewohnheit
deren Hartnäckigkeit und Zärtlichkeit
auch heute noch die angestammte Fähigkeit gehört
uns anzurühren, Spalten zu öffnen, schmal wie auch immer,
in gut gewappnete Rüstungen, die undurchdringlich scheinen.

Si quiere practicar una actividad de bajo costo,
bajo riesgo, y sin ninguna susceptibilidad a las altas y bajas
                                              del mercado,
le aconsejo soñar,
y no permitir que nadie lo convenza
de que no sigue usted siendo dueño, al menos,
del inmenso poder de su imaginación.

Wenn Sie eine billige Sportart suchen
risikofrei und nicht dem Auf und Ab des Marktes unterworfen,
dann rate ich Ihnen: Träumen Sie!
Und lassen Sie nicht zu, daß man Sie überzeugt,
daß Sie nicht wenigstens Herr oder Herrin sind
der unermeßlichen Macht Ihrer Phantasie.

Discreta cotidianeidad

¡Ah! Quién diría mirándonos hoy
mientras nos ocupamos de una cosa u otra,
mientras abotonas tu camisa frente al espejo
y yo hago la cama
metiendo el borde de la sábana debajo del colchón,
que anoche estuvimos desnudos
sin rastro de esta compostura conque nos mira el mundo.
Quién diría que nos despeinamos sobre la almohada
que gemimos y ondulamos como serpientes
con los dientes sucios de la manzana del Arbol de la Vida.
Hablas de lo que tienes que hacer,
de los oficios que en la ciudad te llaman.
Yo levanto la ropa y termino de vestirme.
La cama ya está hecha. El cobertor en su sitio. Los cojines.
Las cortinas corridas y el sol.
Guardamos en secreto nuestra lujuria,
igual que todos.
Yo, igual que todas las que hoy escribirán en sus oficinas
y atenderán a sus niños o impartirán la clase,
preguntándose si son aún las mismas
que al caer la noche
se entregaron al desenfreno.

Verschwiegener Alltag

Ah! Wer, der uns heut so sähe, würde sagen,
während wir dies tun und jenes
während du dort vor dem Spiegel dein Hemd zuknöpfst
und ich das Bett mach
den Rand des Lakens unter die Matratze schiebe,
daß wir nackt warn gestern nacht
ohne den Hauch von dieser Haltung, mit der die Welt
                                                    uns heute sieht.
Wer würde sagen, daß wir uns auf den Kissen das Haar zerzausten,
daß wir stöhnten, uns wie Schlangen wanden,
die Zähne schmutzig vom Apfel vom Baum des Lebens.
Du sprichst von dem, was du zu tun hast,
von den Geschäften, die dich in der Stadt erwarten.
Ich heb die Kleider auf und ziehe mich zuende an.
Das Bett ist schon gemacht. Der Überwurf an seinem Platz.
                                                    Die Kissen.
Die Vorhänge geöffnet und die Sonne.
Wir halten unsre Lust geheim
wie alle andren.
Ich gleiche allen andren Frauen, die heute in Büros schreiben,
sich um die Kinder kümmern oder vor der Klasse stehen
und sich fragen, ob sie noch die Gleichen sind,
die, als es Nacht war,
der Lust die Zügel schießen ließen.

Ideal del Eterno Masculino:
MACHUS ERECTUS AD ETERNUM

a Francisco de Asís Fernández
en respuesta a su »Eterno Femenino«

Que las cálidas tardes,
las cervezas con los amigos,
los repetidos jolgorios nocturnos
no le hagan perder la cintura
abultándole desmesuradamente la barriga.

Que no le salga tonsura en la cabeza
y tenga que ocultarlo cruzando el cabello
de un lado al otro.

Que de tanto mirar y buscar el »Eterno Femenino«
no se le desgaje la piel debajo de los ojos,
dándole aspecto de viejo libidinoso,
espiando a Susana en su baño solitario.

Sobre todo, que su totem majestuoso,
no empiece a padecer súbitamente de pereza
y se niegue a obedecer la mente,
rehusándose erguirse cuando se le comanda,
o venciéndose demasiado pronto
cuando aún la gozosa intemporal
no ha llegado siquiera al medio del camino.

En fin, que recio de carnes, viril y erecto,
mantenga siempre la pose del discóbolo desnudo
aprestándose para el lanzamiento:
la fría, irreal y eterna belleza
de las estatuas.

Ideal des Ewig Männlichen:
MACHUS ERECTUS AD ETERNUM

für Francisco de Asís Fernández,
als Antwort auf sein »Ewig Weibliches«

Daß die lauen Nachmittage,
und die Biere mit den Freunden
die wiederholten, nächtlich späten Feste,
ihn nicht die Taille kosten mögen
und ihm unmäßig seinen Wanst vergrößern.

Daß ihm auf seinem Kopf nie eine Glatze wachse,
die er verstecken muß, indem er sich das Haar
von einer Seite auf die andre kämmt.

Daß ihm vor lauter Schauen, soviel Suchen nach dem
                                    »Ewig Weiblichen«
nicht die Haut unter den Augen schlaff werde
und ihm das Aussehn eines alten Lüstlings gibt,
der Susanna in einsamem Bad ausspäht.

Vor allem aber, daß sein majestätisch Totem
nicht plötzlich Anfälle von Faulheit leidet
und sich strikt weigert, seinem Hirn zu folgen
und sich nicht hebt, wie man's befiehlt
oder sich gar allzuschnell geschlagen gibt
wenn die fröhliche Unendlichkeit
noch nicht einmal auf halbem Wege ist.

Daß schließlich er, fest noch im Fleische, männlich und aufrecht
ewiglich die Haltung des nackten Diskuswerfers beibehält
der sich zum Wurf bereitmacht:
die kalte, unwirkliche, ewige Schönheit
alter Statuen.

Nueva teoría sobre el Big Bang

(derivación traviesa del
»CánticoCósmico«
de Ernesto Cardenal)

El Big Bang fue el orgasmo primigenio.
Orgasmo de los Dioses amándose en la Nada.
Cada vez que te amo repito la Génesis Universal.
Protones y neutrones,
neutrinos y fotones
saltan de mí
         encendidos
a crear nuevos mundos.
Centellas y meteoros
surgen con cada grito.

Te amo mientras mis pulmones
crean la Vía Láctea de nuevo
y el Sol vuelve a nacer
         redondo y amarillo
de mi boca.
La luna se me suelta de los dedos.

Marte, Plutón, Neptuno,
Saturno y sus anillos.
Novas y super-novas,
los agujeros negros
       se desgajan de mis contorsiones.

Soy Gaia. Soy todas las Diosas explotando.

Entre luz de centellas
tu cohete de fuego
prende mis luces todas.
Brotan mundos, cometas,
        meteoros se hacen trizas.
Lluvias de estrellas danzan en el arco del éter.

Nace por fin la Tierra. Sus edades de magma y cataclismo.
La primera partícula de vida moviéndose en el agua.

Neue Theorie vom Urknall

(spitzbübische Ableitung
aus dem »Cántico Cósmico«
von Ernesto Cardenal)

Der Big Bang war der Urorgasmus.
Orgasmus der Götter, die sich im Nichts liebten.
Jedesmal, wenn ich dich liebe, wiederhole ich die Schöpfung
                                        des Universums.
Protonen und Neutronen,
Neutrine und Fotonen
sprühn von mir
        glühend auf
und schaffen neue Welten.
Funken und Meteoriten
entstehn bei jedem Schrei.

Ich liebe dich, und meine Lungen
schaffen die Milchstraße neu
und die Sonne wird noch einmal
                rund und gelb geboren
aus meinem Mund.
Der Mond rieselt mir aus den Fingern.

Mars, Pluto, Neptun,
Saturn mit den Ringen.
Novas und Supernovas,
schwarze Löcher
        entfesseln sich, wenn ich mich winde.

Gaia bin ich. Bin berstend alle Göttinnen.

Beim Licht der Funken
entzündet dein feuriger Raketenschweif
all meine Lichter, alle.
Welten entstehen, Kometen,
                Meteoriten splittern.
Sternregen tanzen im Ätherbogen.

Endlich wird sie geboren, die Erde. Ihr Zeitalter der Magma
                                und der Beben.
Das erste Teilchen Leben, das im Wasser hin- und herschwimmt.

Y luego es el silencio.
La materia expandiéndose en círculos.
Tus soles y mis soles se asientan en su espacio.
Es el frío. La grandeza del tiempo.
La eternidad. El color.
Los sonidos. La estética.
El amor insondable. Tu amor tierno.
Tus manos en mi frente.
Las campanas a lo lejos,
bing, bang, bing, bang, bing, bang,
BIG BANG.

Und dann die Stille.
Die Materie, die sich kreisförmig dreht.
Deine Sonnen und meine Sonnen suchen sich ihren Platz im Raum.
Dann Kälte. Erhabenheit der Zeit.
Die Ewigkeit. Die Farbe.
Die Laute. Sphärenklänge.
Die Liebe, unergründlich. Deine Liebe, zart.
Deine Hände auf meiner Stirn.
Die Glocken in der Ferne,
Bing, Bang, Bing, Bang, Bing, Bang,
BIG BANG.

Certezas en la noche

No sé si llegará la madrugada.
Ninguna luz se ve por la ventana.
Sólo veo dormir a los árboles
de pie, erectos, con los ojos cerrados.
Sobre la cama,
vos y yo,
flanco contra flanco.

Me acurruco en tu piel.
Me acomodo en tus ángulos esbozados apenas.
No me sentís. Estás al otro lado de la noche,
en un país de niebla con deslumbres.
Allí andarás pensando que vivís otras vidas.
Sólo yo a tu lado doy fé que no te has ido.
Contemplo insomne tu silueta abandonada,
el cráneo donde reposan recuerdos compartidos:
paisajes que hemos visto, túneles, plazas, tiempo.
Aún en el silencio, siento que estás conmigo,
que me acompañás tibio, pertinaz y seguro.
No me resisto y te toco la espalda,
busco tu mano, me hundo en el cuenco de tu nuca.
Te movés, me abrazás sin palabras.
Ninguna noche, sueño o quimera
nos separa.

Nächtliche Gewißheit

Ich weiß nicht, ob der Morgen kommt.
Kein Licht läßt sich im Fenster sehen.
Ich sehe nur die Bäume schlafen
aufrecht, im Stehen, und mit geschlossenen Augen.
Auf unserem Bett
sind du und ich
Seite an Seite.

Ich schmiege mich an deine Haut.
Dräng mich in deine kaum sichtbaren Winkel.
Du fühlst mich nicht. Bist auf der andren Seite dieser Nacht
in einem Land aus Nebel und voll wunderbarer Dinge.
Dort gehst du jetzt und meinst, du lebest andere Leben.
Nur ich an deiner Seite kann bezeugen, daß du hier bist.
Betrachte schlaflos die verlassene Silhouette
den Schädel, wo gemeinsame Erinnerungen ruhen,
Landschaften, die wir sahen, Tunnel, Plätze, Zeit.
Noch in der Stille spüre ich dich bei mir,
begleitest du mich warm, und unbeirrt und sicher.
Ich halt nicht an mir und berühre deinen Rücken
such deine Hand, tauch in die Nackenmulde.
Da rührst du dich, umarmst mich wortlos.
Nicht Nacht noch Schlaf noch Trugbilder des Traums
sind zwischen uns.

Amor de Peces

Nuestros cuerpos de peces
se deslizan uno al lado del otro.
Tu piel acuática nada en el sueño junto a la mía
y brillan tus escamas en la luz lunar
que se filtra por la rendija.
Seres traslúcidos flotamos
en el agua de nuestros alientos confundidos.
Atrapamos oxígeno y calor
en el refugio de blancas anchas algas
donde nos protegemos contra el frío.
Súbitamente,
en las nocturnas corrientes
nos encontramos
– peces resbaladizos de grandes ojos abiertos –
Nadamos furtivamente soñolientos
reconociendo rocas, dulces concavidades.

Después de larga lenta danza
en la pereza – pecera de la madrugada,
despertamos mamíferos,
abandonamos el agua.

Le doy gracias a Darwin,
cuando me despojo
de las impenetrables
extremidades de sirena.

Fischige Liebe

Unsere Fischleiber
gleiten einher, nebeneinander.
Deine Wasserhaut schwimmt schlafend neben meiner
und deine Schuppen blitzen auf im Mondlicht
das durch den Spalt hereinfällt.
Durchsichtige Wesen, treiben wir
im Wasser unsres einen Atems.
Wir finden Sauerstoff und Wärme
im Schutz der weiten, weißen Algen,
wo wir uns vor der Kälte schützen.
Plötzlich
finden wir uns
in nächtlicher Strömung
– glitschige Fische mit weitoffnen Augen –
Scheuschläfrig schwimmen wir,
erkennen Felsen, süße Höhlen.

Nach langsam langem Tanz
im trägen Teich der Morgenfrühe
erwachen wir als Säugetiere
und kommen endlich aus dem Wasser.

Ich danke Darwin
während ich sie abstreif
die undurchdringlichen Gliedmaße
der Meerjungfrau.

Camerata

Violines. Mis piernas suben.
Allegro ma non tropo.
Sotto voce.
Dulcemente se inicia la Opertura.
Tambor. Mi vientre suena a fragua.
Tantas veces te he guardado la música.
Y, sin embargo,
tu arco insistente
engendra nuevos adagios, fugas.
Trompetero de fuego.
¡Anúnciate!
Que te reciban mis lamentos de soprano
y tu voz de barítono responda enardecida.
Pulsa primero el violoncelo,
las cuerdas antes que el cémbalo,
o el piano
Después haz lo que quieras
Despéinate conduciendo la orquesta.
Que retumben los vientos,
y que aplauda,
enfebrecido,
el público.

Kammermusik

Geigen. Meine Beine steigen.
Allegro ma non troppo.
Sotto voce.
Süß hebt die Ouvertüre an.
Pauke. Mein Bauch tönt mir wie eine Esse.
So oft hab ich deine Musik empfangen.
Und dennoch
bringt dein hartnäckiger Bogen
neue Adagios, Fugen hervor.
Feuertrompeter,
spiel mir auf!
Mein klagender Sopran soll dich empfangen
und dein entflammter Bariton mir antworten.
Zupf erst das Cello,
die Saiten vor dem Cembalo
dem Klavier.
Dann tue, was du magst.
Zerzaus dein Haar beim Dirigieren des Orchesters.
Blasinstrumente sollen schallen
das Publikum
frenetisch
Beifall klatschen.

Sortilegio contra el frío

Te dije que hiciéramos el amor
como felinos
                    rugiendo.
Como pareja de libélulas
                              copulando en el aire.
Como cebras, como venados.
Todo es posible en esta noche fría
en que ululan los árboles
y la casa es una nuez frágil
vadeando las enormes bocanadas
                                        del viento.
Estamos solos.
                    Y sin embargo
                    la soledad no existe.
Si juntamos las manos
encenderemos el fuego imprescindible
para vernos los ojos
                    brillantes
                              del deseo.
Tu piel me atrae con la gravedad de todo el cosmos
que afuera sufre
                    su negra eternidad impenetrable.

Pretendamos que somos una nave
sobre la tersa espalda del océano,
y en el cuenco
                    profundo
                              de la madera
acomodémonos para el amor
        acurruquémonos
y forjemos otro nuevo elemento:
una fusión de aire
                    fuego
                              y agua.

Zauber gegen die Kälte

Ich sagte dir, daß wir uns lieben wollen
wie fauchende
        Katzen.
Wie ein Libellenpaar,
           das sich im Wind begattet.
Wie Zebras, wie die Rehe.
Alles ist möglich in dieser kalten Nacht,
in der die Bäume heulen
und das Haus eine zerbrechliche Nußschale ist
die den mächtigen Stößen des Windes ausweicht.
Wir sind allein.
      Und doch
        gibt es die Einsamkeit garnicht.
Fügen wir die Hände zusammen
so entfachen wir gleich das nötige Feuer
um unsere Augen zu sehen
        glänzend
           vor Verlangen.
Deine Haut zieht mich an mit der ganzen Schwerkraft
                des Universums
das dort draußen
      seine schwarze, undurchdringliche Ewigkeit erleidet.

Stellen wir uns vor, ein Schiff zu sein
auf dem glatten Rücken des Ozeans
und in der Höhlung
        tief
          aus Holz
wollen wir uns hin zur Liebe legen
   uns aneinanderschmiegen
und zu einem andren, neuen Element verschmelzen
einer Verbindung aus Luft
         Feuer
           und Wasser.

Inhalt

Die Originalausgabe von »Apogeo« erschien im Februar 1997
im Verlag »anamá Ediciones«, Managua, Nicaragua.

Die Deutsche Bibliothek – CIP-Einheitsaufnahme
Belli, Gioconda:
Feuerwerk in meinem Hafen : Gedichte ; spanisch/deutsch =
Apogeo / Gioconda Belli. Aus dem nicaraguanischen Span.
von Lutz Kliche. – Wuppertal : Hammer, 1997
Einheitssacht.: Apogeo <dt.>
ISBN 3-87294-752-4

Literatur aus Lateinamerika und der Karibik

Gisèle Pineau
Die lange Irrfahrt der Geister
192 Seiten, gebunden

Cristina Peri Rossi
Einzelgänger der Liebe
160 Seiten, gebunden

Maryse Condé
Das verfluchte Leben
336 Seiten, gebunden

Simone Schwarz-Bart
Ti Jean oder Die große Reise
338 Seiten, broschiert

Simone Schwarz-Bart
Télumée
364 Seiten, broschiert

PETER HAMMER VERLAG

Wir schicken Ihnen gern unsere neuen Kataloge.
Postfach 20 09 63 · D-42209 Wuppertal

Zauber gegen die Kälte

Gioconda Belli
im Peter Hammer Verlag

Wenn du mich lieben willst
Gesammelte Gedichte
180 Seiten, broschiert

Zauber gegen die Kälte
Erotische Gedichte
94 Seiten, broschiert

Waslala
Roman
444 Seiten, gebunden

Bewohnte Frau
Roman
332 Seiten, gebunden

Tochter des Vulkans
Roman
280 Seiten, gebunden

PETER HAMMER VERLAG

Wir schicken Ihnen gern unsere neuen Kataloge.
Postfach 20 09 63 · D–42209 Wuppertal